Anne Fleck

Zartheit und Krawall

www.fontis-verlag.com

Meinen Eltern. Und Katharinas Kind.

Für Salome, Mama & Papa.

Anne Fleck

Zartheit und Krawall

Oder: Essays über die unverschämte Hoffnung, die mich der Tod meiner Herzensfreundin lehrte

Bibliografische Information der Deutschen Nationalbibliothek
Die Deutsche Nationalbibliothek verzeichnet diese Publikation in der Deutschen Nationalbibliografie; detaillierte bibliografische Daten sind im Internet über www.dnb.de abrufbar.

Der Fontis-Verlag wird von 2021 bis 2024 vom Schweizer Bundesamt für Kultur unterstützt.

Umschlag: Carolin Horbank, Leipzig
Satz: InnoSet AG, Justin Messmer, Basel
Foto von Katharina auf dem Cover: © by Anne Fleck
Foto der Kette auf dem Cover: Simone – stock.adobe.com
Foto Autorin, Seite 144: © Missio Österreich
Druck: Finidr
Gedruckt in der Tschechischen Republik

ISBN 978-3-03848-192-8

Inhalt

Inspiration

Das hier ist ein heikles Unterfangen. Ich schreibe über jemanden, den ich liebe und der sich nicht wehren kann. Katharina kann mir jetzt nicht sagen: «Was redest du da für einen Scheiß?»

Würde sie auch nicht.

Sie würde sich vorsichtig herantasten, wenn ihr nicht gefiele, was ich schreibe.

Jetzt ist es genau ein Jahr her, dass sie gestorben ist. Und trotzdem kommt es mir meistens so vor, als könnte ich sie einfach schnell anrufen. Sie ist irgendwie auch noch da. Und sie fehlt brutal.

Trauer ist ein stranges Business. Du denkst, die Welt müsste anhalten, aber sie tut es nicht. Und gleichzeitig siehst du mitten im großen Leid das echte Leben, während man von außen nur die tragische Geschichte hört. Aber echtes Leben mit echten Menschen ist nie nur eine tragische Geschichte.

Meine Freundin Katharina ist einer der inspirierendsten Menschen, die ich kenne. Ganz oft hatte ich nach Gesprächen mit ihr neue Muße. Inspiration ist eines der dringendsten Bedürfnisse, das ich habe. Ich vermute, das ist keines meiner Alleinstellungsmerkmale. Niemand ist ernsthaft desinteressiert an guten Ideen, neuer Freude und breiten Schultern für die harten Zeiten.

Ich will von Katharina erzählen, weil ich glaube, dass man von ihr lernen kann. Und zwar nicht so, wie ein Jura-Student Gesetzestexte in sich reinprügeln muss, sondern so wie Kinder, wenn sie Käfer beobachten oder in der Erde popeln.

Ich will sie auch nicht verklären oder zu einem Ideal degradieren. Das würde nicht zu ihr passen und niemandem nützen. Und ich finde es gemein, wenn man den Verstorbenen ihr echtes Leben abspricht, indem man tut, als wären sie allzeit sanft oder froh oder humorvoll oder klug gewesen. Katharina war sehr originell, und manchmal war sie es nicht. Sie hat sich immer um die Dankbarkeit bemüht, und gelegentlich war sie undankbar. Sie hat das Leben geliebt, und manchmal fand sie es einfach scheiße. Sie war nach ihrer Krebsdiagnose ungeheuerlich tapfer, und trotzdem wollte sie immer wieder aufgeben und alles hinschmeißen. Aber sie war eine Inspiration und in vielen Momenten die Ermutigung in Person.

Ich schreibe über Dinge, von denen ich glaube, dass wir sie gemeinsam gelernt, und über Themen, die wir als

Team beackert haben. Lichter, die uns zusammen aufgegangen sind, wahrscheinlich auch, weil wir fundamental verschieden und trotzdem manchmal ganz ähnlich waren. Wir haben uns beide in unterschiedlichen Rhythmen immer irgendwo zwischen Akademikerdasein und Arschproletentum bewegt – beides garniert mit einer guten Portion christlicher Hausfrau.

Wir haben viel miteinander geredet und intensiv gemeinsam gebetet. Das ist eine intime Erfahrung. Wir wollten Gott lieben und die Menschen und ergründen, was genau Er von uns wollte. (Und gleichzeitig versuchen, ihm ans Herz zu legen, was wir von ihm wollten.)

Wir haben uns gegenseitig ermutigt und beraten. Wir haben gemeinsam gefeiert und uns – auch mal unnötig – gemeinsam am Leben abgequält. Wir haben die großen Dinge geteilt: das Beten, Arbeiten, Leiden und Feiern.

Ich beschreibe hier nicht, wie man ein allzeit entspanntes, erfülltes Leben ohne Quälerei haben kann. Ich finde es verantwortungslos, wenn so was gemacht wird. Ich bin kein Fan von Lifestyle-Büchern und Ratgebern, die den Menschen verklickern wollen, wie sie ihre Zeit optimal nutzen, erfolgreicher werden und dabei allzeit einen Knackarsch behalten! Dass sie nie auf irgendetwas verzichten müssen, weil immer alles gut ausgeht, dass sie dabei lauter erfüllende Beziehungen haben, sich selbst jederzeit annehmen und ihre Kinder ideal erziehen können.

Absurder sind diese Produktionen nur noch im christlichen Kontext. In welcher Bibelübersetzung haben wir denn gelesen, dass Jesus uns ein Leben frei von Leiden und Zweifeln, voller Komfort und regelmäßiger Steigerung des eigenen Wohlstandes versprochen hat? Wo sich alle immer nur gegenseitig den Rücken streicheln und flüstern: «Du bist so wertvoll, Miriam-Anastasia», wo jede Herausforderung und alles Unheile nur existieren, um im Handumdrehen triumphal in die Knie gebetet zu werden?

Mich ärgert, dass für solche Vorstellungen Werbung gemacht wird. Weil sie Menschen mit völlig grotesken Erwartungen ans Leben massiv unter Druck setzen. Und weiter von Gott wegbringen, der in echt halt keine Märchen-Fee ist.

Ich glaube, dass Katharina in der letzten Zeit ihres Lebens große Gnaden und Einsichten geschenkt wurden, und dennoch gab es immer wieder grauenhafte Tiefpunkte. Und ich frage mich manchmal, ob nicht weniger Tiefpunkte aufgetaucht wären, hätte es weniger engagierte Stimmen gegeben, die ihr ins Ohr flüsterten: «Ein guter Gott würde nicht zulassen, dass du stirbst. Er hat uns ja gemacht, damit wir glücklich sind, und du möchtest leben, also wirst du auch gesund, weil dich das glücklich macht.»

Der gute Gott hat es zugelassen.

Katharina ist vor uns losgezogen.

Dabei habe ich mich arg darauf gefreut, die nächsten

vierzig oder fünfzig Jahre mit ihr rumzuhängen. Jetzt ist es so, dass ich statistisch gesehen wahrscheinlich erst in vierzig oder fünfzig Jahren wieder mit ihr rumhänge. Dann aber hoffentlich für immer. In der Zwischenzeit wird sie es genießen, zu Hause angekommen zu sein, und ich bemühe mich, ihr irgendwann in genau dieses Zuhause, den Himmel, zu folgen.

Katharina

Heute vor einem Monat saß ich den ganzen Tag im Zug von Wien nach Luxemburg, um zum Begräbnis meiner liebsten Freundin Katharina zu fahren. Es fühlt sich immer noch grotesk an, das zu schreiben.

Sie hat immer radikal gelebt. Wie kann es jetzt schon einen Monat her sein, dass sie begraben wurde?

Und sie ist ja immer noch lebendig. Sie arbeitet jetzt eben in einer anderen Abteilung der Kirche. Das weiß ich. Das hilft auch. Manchmal merke ich genau, dass sie da ist.

Aber ich verstehe nicht, dass ich ihr nicht schreiben kann, was hier passiert. Dass ich sie nicht anrufen kann, um ihr zu erzählen, wie beeindruckend ich ihren Mann, ihre Eltern und ihre Geschwister gerade finde. Dass mir aufgefallen ist, dass ihre kleine Tochter Salome ihr ähnelt in ihrer Zartheit und ihrem Krawall. Ich kann ihr nicht erzählen, dass ich mich auf unser nächstes Date in Luxemburg, Wien oder Berlin freue.

Ich begreife nicht, dass ich nie mehr neben ihr auf ihrem rosa Sofa sitzen kann. Dass sie mich nicht mehr fragen wird, ob ich ein «Cappuccinchen» will. Dass wir nie wieder zusammen Hymnen singen werden. Dass sie keine hochtrabenden Pläne für mein Leben mehr entwirft und mich so fundamental ermutigt und inspiriert durch ihre Courage und ihre Schönheit und ihre großen Ideen. Dass sie mich nicht mehr rasend macht, indem sie alles in Frage stellt.

Ich wollte eigentlich nicht hin. Der Gedanke, dass der Weg zu weit und die Beerdigung sowieso winzig wäre, hat mich erleichtert. Ich wollte nicht dabei sein, wenn sie in einer Kiste liegt.

Aber am Ende war ich doch dort, und ich bin so dankbar.

Dass der Pastor gesagt hat: «Let me assure you, Katharina is not in there.» («Ich versichere euch, Katharina ist nicht da drin.»)

Für diese Berührung mit dem Himmel.

Dass es einen Ort gab für die angemessene substanzielle Verzweiflung und die zarte Hoffnung, die alles durchdrungen hat.

Für ihre ganze Familie, vor deren Größe und Tiefe und Weite ich die Knie beugen wollte.

In dem Moment war alles gereinigt, und aller Bullshit (wie Katharina sagen würde) war weg. Übrig war nur noch Liebe. Am 16. Dezember, auf einem Luxemburger Friedhof, war das große Geheimnis, dass wir nach Gottes

Abbild geschaffen sind, an ihrer Mama und ihrem Papa, ihrem Mann David, ihrer Schwester und ihren Brüdern ganz offenbar und leicht zu erfahren.

Am 4. September war ich in der Nähe vom Gardasee in einem Plansch-Paradies mit meiner Schwester Ise, ihrem Mann und ihren Kindern. Um uns herum ein Riesenpool mit einer Maximaltiefe von 13 cm und ein Meer von Schwimmflügeln, Wasserbällen, Pommes, gebräunten Spätsommerwampen und nassen Kindern.

Und plötzlich saß ich mitten in diesem glücklichen Chaos und habe mit David telefoniert, der zuerst ganz ruhig war und dann so geschluchzt hat, dass es kaum zum Aushalten war, und ich habe erfahren, dass ihr Kopf voller Tumore war. Es kam mir vor wie ein Missverständnis. Es hat sich vollkommen stumpf angefühlt, und auf der Zugfahrt nach Hause am nächsten Tag habe ich die ganze Zeit nur gedacht: *Das kann doch nicht sein, dass sie nie wieder nach Italien fahren kann.* Was für ein irrelevanter Gedanke.

Ein gutes Jahr davor hatten wir uns das letzte Mal gesehen. Da wurde bei Katharina Brustkrebs diagnostiziert, und ich bin zu ihr gefahren. Wir haben zusammen eine Perücke geshoppt und ausprobiert, welche Kopftücher und Mützen ihr gut stehen. Wir waren essen und sind durch die Luxemburger Innenstadt spaziert, und es war – jedenfalls für mich – in der Situation vollkommen klar, das würde jetzt hart werden, aber bald wäre sie wieder gesund und noch stärker durch die Erfahrung.

Als sie mich ein paar Wochen vorher angerufen hatte, um mir zu erzählen, dass sie einen sehr aggressiven Krebs habe, war einer meiner ersten Gedanken, dass Gott diese Krankheit nutzen würde, um Heilung zu bringen. Heilung im Sinne von Heil, von einer alles durchdringenden Freude. Von einem Frieden, der in der Bibel «höher als alle Vernunft» heißt.

Es hat mich beschäftigt und auch mal geärgert, wie sich Katharina gelegentlich an den Mängeln des Lebens abgearbeitet hat. An dem Perückenshoppingwochenende hat sie mir gesagt, sie habe das Gefühl, ich würde ihr Undankbarkeit vorwerfen.

Sie hatte recht.

Ich fand es zum Beispiel nicht okay, dass sie als Single jahrelang vor allem verheiratet sein wollte und in verheiratetem Zustand dann ein bisschen enttäuscht festgestellt hat, dass Singles in gewisser Weise mehr Freiheiten haben.

Wenn ich jetzt dran denke, quält mich die Frage, ob ich ihr da mit zu wenig Zärtlichkeit begegnet bin. Aber ich wollte kein Mitleid mit ihr haben. Ich habe sie geliebt und bewundert und fand es immer sehr offensichtlich, wie reich beschenkt und von Gott geführt sie war. Ich wollte sie auf keinen Fall im schlimmsten aller Gefühle bestärken, nämlich dem Zukurzgekommensein.

Als sie mir am Telefon von ihrer Brustkrebsdiagnose erzählt hatte – ich saß fassungslos auf meinem Wohnzimmer-Boden zwischen Sofa und Glastisch eingezwängt –, dachte ich als Erstes, dass diese Erfahrung der Krankheit und der Heilung auch ihrer Seele eine größere Freiheit verschaffen würde.

Im Herbst und Winter 2019 ist der Krebs schön geschrumpft und immer weiter eingegangen, bis Anfang 2020 die Charité in Berlin bestätigte, er sei weg.

Ganz weg.

Wenn ich an das Schreiben aus Berlin denke, nagt es an mir: Ich habe Katharina nämlich auf ihre entsprechende Nachricht nicht ordentlich geantwortet. In meinem Kopf war sie damals schon geheilt, nachdem es vorher bereits Ankündigungen in diese Richtung gegeben hatte. Also gibt es auf meinem Handy jetzt iMessages vom 3. Februar 2020, mit einem Bild von Katharinas schönem Glatzkopf, ihrer triumphierenden Faust, der Unterschrift «Cancer Trooper» und diesem Text:

Es ist ein Wunder und das hat Gott gemacht! Anders kann man es sich nicht erklären – mit so einer Eindeutigkeit gesund. Ich habe sogar einen Brief von der Charité, wo es schwarz auf weiß drinsteht! Amen

Und ich habe nicht adäquat reagiert. Nur beknackte Herzaugen geschickt und mich über ihren Skinhead-Look gefreut. (Katharina war immer unglücklich über ihre dünnen Haare, jetzt hatte sie gar keine und trug ihren Glanzschädel mit Stolz.) Wir wollten uns damals treffen und haben es nicht geschafft, und dann kam Corona, und niemand hat sich je wieder unkompliziert getroffen.

Immerhin haben wir im Lockdown Nr. 1 viel telefoniert und gemeinsam nachgedacht. Wir wollten ein Konzept entwickeln, um Jugendliche via Social Media zu evangelisieren. Es war eines der Anliegen, die uns verbunden haben: Menschen zu vermitteln, dass sie von Ewigkeit her geliebt sind. Wir wollten besonders Teenager wissen lassen, dass sie nicht aus Versehen hier sind, sondern weil der Schöpfer des ganzen Universums sie ins Leben gesehnt hat. Wir haben uns um fette Fördergelder beworben. Erfolgversprechend war das nur wegen Katharinas genialer Unverfrorenheit, Kreativität und vor allem wegen ihrer Gabe, Menschen anzusehen und ihre Talente aus ihnen rauszufischen.

Ich hatte mir jahrelang gewünscht, mit ihr zu arbeiten, und mich schon deshalb kolossal über die gemeinsame Mission gefreut. Wir haben die Förderung später nicht bekommen, und das Projekt liegt auf Eis, aber wenn ich an die Gespräche denke, die ich zu dieser Zeit mit ihr hatte, bin ich beflügelt und voller Hoffnung für die Zukunft unserer Welt.

Habe ich schon erwähnt, dass sie eine der inspirierendsten Personen war, denen ich je begegnet bin? Sie war nicht nur selbst zutiefst appetitlich: immer irgendwie von schönen Farben und guten Gerüchen umgeben. Sie hat auch bewirkt, dass man sich genauso appetitlich gefühlt hat, und wenn man mit ihr zusammen war, hatte man ständig den Eindruck, man sei zu Großem berufen. Sie hat originelle Befunde gestellt, wenn es darum ging, die Gaben der Menschen in ihrem Umfeld zu erkennen. Mir zum Beispiel hat sie einen guten «Bullshit-Sensor» diagnostiziert – vielleicht weil ich gelegentlich skeptischer war als sie selbst, ob Menschen mit viel *splendor* nach außen den auch im Inneren hatten. Bei Katharina jedenfalls war beides eine Einheit, der äußere und der innere Glanz. Sie hat immer nach dem *splendor veritatis* gesucht und dabei in Kauf genommen, sich infrage stellen zu lassen und unbequeme oder ungewohnte Wege auszuhalten.

Nach dem Plantschparadies-Telefonat mit David Anfang September – es ist gerade einmal vier Monate her und fühlt sich an, als gehöre es zu einem anderen Zeitalter – habe ich gemerkt, dass ich es allein nicht schaffe, zu beten, und mir – ganz katholisch – überlegt, den Himmel einzuspannen.

Ich habe mir also einen «heiligen Mitarbeiter» gesucht. (Katholiken machen so was, indem sie zum Beispiel sagen: «Liebe Maria, bitte bete für uns.» Oder: «Heiliger Josef, hilf mir, hier so selbstlos liebevoll vorzugehen, wie du es gemacht hast.»)

Damals ist mir Sr. Clare Crockett aus Derry in den Sinn gekommen, die nicht nur wie Katharina am 14. November Geburtstag hat, sondern die auch die wilde Jugend und die Liebe zu den Armen mit ihr teilt: Sr. Clare ist 2016 33-jährig während des großen Erdbebens in Ecuador beim Gitarre-Unterrichten umgekommen. Ich habe also entschieden, gemeinsam mit dieser nordirischen Klosterschwester, die im Ruf der Heiligkeit gestorben ist, für Katharina zu beten, damit sie geheilt und sich ihr ganzes Umfeld bekehren würde. – Zur Erklärung: Katharina war in der Berliner Modewelt zu Hause, und ich hatte große Pläne für alle, die das auch waren (inklusive einer Reihe von Bekehrungen und/oder Konversionen).

Um nicht einfach nur einen Gebets-Sparringpartner zu haben, sondern das katholische Erlebnis perfekt zu machen, habe ich mich entschieden, eine Wallfahrt, eine ganze Reise nur zum Beten, zu machen. Nach Nordirland ausgerechnet. Ich wollte zum Geburtsort und ans Grab von Sr. Clare.

Als ich den Flug nach Dublin, den Bus nach Derry und für den nächsten Tag den Zug zurück nach Dublin buchte, war ich noch unsicher, wie ich Katharina beibringen würde, was ich vorhatte. (Und wie sich die Corona-Maßnahmen entwickeln würden. Sie wurden – rechtzeitig, ein paar Tage vor meinem Abflug – noch ordentlich verschärft, sodass reibungslose Grenzübertritte, Flüge, Bus- und Bahnfahrten und Bed&Breakfast-Check-ins einem kleinen Thriller glichen.)

Gott sei Dank ist Katharinas Herz nicht nur freikirchlich, sondern immer auch sehr frei gewesen. Statt genervt zu sein und mir zu unterstellen, ständig die ganze Welt in meine großen katholischen Ideen einspannen zu wollen, hat sie sich gefreut über die Freundin, die in Corona-Zeiten für sie pilgern wollte. Ich kann mich nicht mehr erinnern, ob ich ihr en détail gebeichtet habe, dass man für Heiligsprechungen Wunder braucht und ich vorhatte, mit ihr gemeinsam (nach ihrer Wunderheilung) die Heiligsprechung von der Sr. Clare auf dem Petersplatz zu feiern. Ich wusste, dass sie der Idee, Gebetsaufträge an die Heiligen zu delegieren, prinzipiell ganz offen gegenüberstand. Den Rest hatten wir nie besprochen.

Dass ich verbotenerweise für sie durch Europa gepilgert bin, hat sie sehr bewegt, das hat sie mir geschrieben (zusammen mit ein paar sehr zärtlich-irren, katharinaesken Komplimenten).

Katharina hatte eine besondere Gabe für die Einheit. Sie hat ihre letzte Woche hier auf der Erde mit einem vom Papst geweihten Rosenkranz um den Hals gelebt. Ihre erste Nachricht an mich nach der Diagnose ging so:

> *Danke meine Liebe! Deine Worte von gestern haben mich so sehr ermutigt: Jesus lädt uns ein, auch im Schmerz sein liebendes Herz besser kennenzulernen! Auf so was können nur die Katholiken kommen. Wie wunderwunderschön! Das will ich, sein liebendes Herz besser kennenlernen. Und wenn es dazu diese Krankheit braucht, dann will ich das in Kauf nehmen und mich zu ihm ziehen lassen.*

Ich glaube, sie wäre trotzdem nie auf die Idee gekommen, katholisch zu werden. Sie hat einfach das ganze Volk Gottes geliebt.

Eines der besten Gespräche, die wir je hatten, führten wir am Telefon: Ich war in Derry und kam gerade zurück vom Besuch des Grabs der Clare und der Kirche, in der ihr Requiem gelesen worden war.

Total geflasht von meiner spontanen kleinen Reise saß ich in einem Zimmerchen mit Glitzerrelieftapete und hörte Katharina zu.

Derry hatte mich in der Sekunde meiner Ankunft einige Stunden zuvor sofort verzaubert. Der Ort passte perfekt zu Katharina. Nach ihrem Tod hat eine kluge gemeinsame Freundin Katharinas «Ambivalenz» beschrieben. Wer sie gut gekannt hat, spürt wahrscheinlich gleich, dass der Begriff in ganz außergewöhnlichem Maß auf sie zutrifft. – Und so empfand ich auch diese nordirische Stadt: Ihre Ambivalenz springt einem ins Gesicht. Der Ort ist beschaulich, idyllisch an vielen Ecken, die Einwohner sind grenzenlos charmant, und der Afternoon-Tea ist üppig, *british,* schick. Gleichzeitig sind da überall gewaltverherrlichende Graffiti – Hass auf die Engländer schürend, Menschen zum Hungerstreik aufrufend. Die grausame Geschichte ist omnipräsent.

Dort saß ich nun also in diesem aggressiven, freundlichen, verrückt-schönen nordwestlichen Zipfel Europas und genoss das Telefonat mit Katharina.

Katharina sprach langsamer als gewohnt, weil gerade der größte ihrer Hirntumore operativ entfernt worden war. Sie war so klar und so voller Hoffnung und Freude, wie ich sie nie zuvor erlebt hatte.

Zu dieser Zeit hat sie mir auch diese Nachricht geschickt:

Liebste Anne! Du hast mir so geholfen – dein Bild, dass mich die Liebenden Hände Jesu tragen in dem Leid, hat mir eine Ruhe geschenkt sondergleichen. Das trägt mich schon seit über einer Woche! Und macht mein Leben wunderschön. Ich bin schon fast heiter … erst war ich eingesperrt in meinem Kopf, konnte nicht sprechen … aber es war eine gedankliche Klarheit. Fast vermisse ich sie. Nun kommen die Worte, aber ich genieße die Ruhe, das muss ich mir bewahren. Lustigerweise stimuliert es das Sprachzentrum am effektiven, wenn man parallel balanciert und singt :) Ich habe keine Schmerzen, werde so mit Kortison vollgepumpt. Ich empfinde diese Zeit als absolute Gnadenzeit. Meine Mama ist da – sie ist ein genialer Gesprächspartner. Sie ist originell, manchmal zickig und spitzzüngig, geistlich klug, und muss nicht immer reden; sie bereitet einen Botticelli-Vortrag vor, d. h. sie hat auch eigene Inhalte und ich muss sie nicht entertainen. David ist ganz liebevoll, und Salome quirlig. Wir haben's gut – noch drei Tage, dann fängt die Hardcore-Bestrahlung an, zwei

Wochen lang. Dann muss man abwarten, was es gebracht hat. Ich bete, dass alle 15 oder mehr Tumore vertrocknen! Und ich glaube an ein Wunder. Wir haben schon so viele gesehen. Ich muss dir noch so viel erzählen, wenn ich wieder flüssig sprechen kann. Nur das noch: Gott kommt gewaltig, ich lebe in seiner Realität, tief geborgen. Kein Haar kann mir gekrümmt werden, ohne dass er es erlaubt. Er streitet für mich, und ich kann mich vollkommen loslassen, in seine Liebe hinein. Mir gehts ehrlich gesagt besser als je zuvor :) Ich bete für dich!

Vielleicht ist das die schönste Nachricht, die mein Telefon je erreicht hat. Obwohl ich schon damals erschrocken bin bei dem Gedanken, dass sie klang wie jemand, der auf den Himmel zugeht und nicht auf körperliche Heilung. Die Möglichkeit des Todes war für mich trotzdem nicht so eine ganz reale.

Das Leid hat zu jener Zeit bei Katharina – die damals schon viel durchgemacht hatte – angefangen, eine Reinheit zu bewirken. Als hätte ein Feuer allen Dreck weggebrannt. Ich habe seinerzeit eine sehr beeindruckende Vorlesung über Hiob gehört, der durch seinen elenden Verlust und Schmerz dahin kommt, dass er Gott nicht mehr einfach als ordentlicher frommer Mann seine Opfer bringt, sondern ihn tatsächlich schaut und damit durchdrungen wird von der Liebe. Dass meine Freunde mich jemals an Hiob erinnern würden und ich das auch noch ermutigend fände – damit hätte ich im Leben nicht gerechnet.

Fast jedes Mal, wenn wir zu dieser Zeit gesprochen haben, wirkte Katharina noch gesammelter; sie hat ihre Prioritäten neu sortiert, wusste, wer sie ist und wo sie hinwill. Er ist ihr zwischendurch auch wieder dramatisch abhandengekommen, der Frieden, aber häufig war der präsenteste Eindruck, wenn ich mit ihr gesprochen habe, ein großes Vertrauen.

In einem Gespräch zu dieser Zeit hat sie mir gesagt, wenn der ganze Scheiß vorbei sei, wolle sie mit dem David zusammenarbeiten. Sie hat damals anders geklungen, wenn sie über ihren Mann und ihre Ehe gesprochen hat. Viel klarer. Sie wollte sich mit ihm gemeinsam für die Schwächsten einsetzen. Besonders für die Flüchtlinge, für Schwangere und ihre Babys im Bauch. Sie hat mir zu der Zeit gesagt, dass sie erkannt habe, dass Integration und die Prävention von Abtreibung die dringendsten gesellschaftlichen Baustellen seien. Und sie war wütend, dass Menschen, die wirklich etwas beitragen wollten, oft keinen Zugang zum Arbeitsmarkt bekämen und Frauen in Not mit billigen Lösungen alleingelassen wurden.

Ich glaube, David hat sich zu dieser Zeit sehr gequält. Vielleicht hat Katharinas meist unerschütterliche Freude die bedrohliche Situation noch schwerer für ihn gemacht. Bis am 24. November auf einen Schlag die Zeit der Freude, Quälerei und Ungewissheit endete, und an ihre Stelle trat die Entdeckung, dass der Scheiß-Krebs gestreut hatte. Trotz all der brutalen Maßnahmen, um ihn zu vernichten.

Liebe Anne, gerade eben bekam ich eine Hiobsbotschaft. Mein Gehirnwasser ist von vielen kleinen Krebszellen befallen und verursacht die Schmerzen in meiner unteren Wirbelsäule. Sie wollen jetzt direkt Chemo in den Kopf pumpen und den Po bestrahlen. Es scheint sehr ernst zu sein. Die Ärztin fragte mich, wie weit ich noch Therapien möchte. Ich sagte, wenn sich meine Persönlichkeit verändert, will ich nicht mehr weitermachen. Für Gott ist nichts unmöglich, ich erwarte ein großes Wunder.

Danach ist es ihr sehr schnell schlechter gegangen.

Zehn Tage später habe ich die Nachricht bekommen, dass sie im Sterben liege.

Sie hat sich dann doch noch ein bisschen erholt und die darauffolgende Woche genutzt, um Abschied zu nehmen und sich vorzubereiten. Ich war in Wien und konnte nicht fassen, dass meine liebste Freundin sich von ihrer kleinen Tochter und ihren Geschwistern verabschieden musste.

Und sie sich von ihr.

Katharinas Familie ist ein sehr feiner Verein, geprägt von zärtlicher Toleranz, einem festen Fundament, wilden Gesprächen und großer Offenheit für alle. Die fünf Geschwister sind sich nahe. Der Gedanke, dass ihre kleinen Brüder ohne sie zurechtkommen müssten, schien mir unvorstellbar. Es ist eine Zumutung, was Gott geschehen lässt und was er uns zutraut. Und ein großes Mysterium, wie er auch in diesen Abgründen der Verzweiflung die Dinge führt: Nach Jahren, in denen die Geschwister über den ganzen Erdball verstreut gewesen waren, lebten 2020 alle in Deutschland. Jeder von ihnen konnte sich verabschieden. Sie saßen gemeinsam um ihr Bett.

Auch ich war noch dort. Ich war eigentlich zum 60. Geburtstag meiner Mama in die Pfalz aufgebrochen und habe stattdessen den Tag spontan an Katharinas Seite in Luxemburg verbracht. David hat mich im Krankenhaus-Foyer empfangen und instruiert. Er hat geweint, wir haben uns umarmt. Und sind dann abwechselnd oder zusammen bei Katharina gesessen. Haben alle Strophen von «Ich steh' an deiner Krippen hier» gesungen. Und «10.000 Reasons». Und «Take my Life and let it be (consecrated, Lord, to Thee)». Wir haben gebetet und geweint und ihre Hand gehalten. Und ein gerade mal fünf Jahre altes Foto von der Hochzeit der beiden angeschaut.

Wir saßen in der Stationsküche, während die Pfleger Katharina wuschen, haben Tee getrunken und über Entscheidungen gesprochen.

David musste unglaublich viele schwere Entscheidungen treffen, und ich saß vor ihm und habe selten eine solche Ehrfurcht vor jemandem gehabt. Da war keine Spur von dem Verzweifelten, der er die Monate davor gewesen war; vor mir saß ein Mann voller Klarheit, Stärke, Dankbarkeit, Schmerz und Liebe. Und er hat nicht so getan, als passiere nicht gerade sein schlimmster Albtraum, aber ich glaube, er wusste, Gott ist da.

Ich denke, das war der Unterschied.

Es war nur noch die Liebe übriggeblieben.

Die Art, wie er über und mit Katharina gesprochen hat – da war einfach alles heil. Ich glaube, es hat mich auch deshalb so tief beeindruckt, weil die Dynamik bei einem jung verheirateten Ehepaar ja eigentlich eine ganz andere ist: Man begegnet sich auf Augenhöhe, findet sich hot, geht sich auf die Nerven, inspiriert sich, schreit sich an, plant die Zukunft, genießt das gemeinsame Zuhause oder ist in der Weltgeschichte unterwegs.

Als ich da war, lag Katharina an Schläuchen in einem Krankenhausbett. Sie konnte nicht mehr sprechen, nur das linke Auge noch ein bisschen aufmachen, und sie hat ganz anders ausgesehen als noch ein paar Monate vorher.

Dennoch: Ich habe selten einen Mann gesehen, der seine Frau mit einer solchen Zärtlichkeit und Verehrung angeschaut hätte. Es kam mir vielmehr so vor, als empfinde er ihr gegenüber noch mehr davon als zu ihren attraktivsten Zeiten, in den appetitlichsten Outfits, an den sexysten Orten. Mir war damals schlagartig klar, dass ich noch viel darüber zu lernen hatte, wie Liebe geht.

Später kamen Katharinas Eltern. Und ich war dankbare Zeugin eines heiligen Geschehens. Es war tatsächlich so, wie an der Krippe zu stehen. Katharinas Mutter hat sich über ihre Tochter gebeugt und gesagt:

«Die Mama ist da. Und ich freu mich so, dass du auch da bist. Aber wenn du gehen willst, wenn Jesus dich ruft, dann darfst du zu ihm gehen.»

In der Bibel steht, dass Jesus sagt, es gibt keine größere Liebe, als wenn einer sein Leben lässt für seine Freunde. Ich glaube, genau das ist da passiert. Der Mutter war klar, dass ihr eigenes Herz dabei brechen würde, aber sie wollte, dass ihre Tochter wusste, dass sie frei war, die Schmerzen hinter sich zu lassen.

Am nächsten Tag ist sie gegangen.

Am Vorabend von Gaudete: dem Sonntag im Kirchenjahr, an dem die liturgische Farbe Rosa ist.

Das passiert nur zweimal im Jahr.

Und Rosa ist Katharinas Lieblingsfarbe.

Exakt sechs Jahre vorher, an Gaudete, hatte David ihr das erste Mal geschrieben.

Acht Jahre zuvor war ich, an Gaudete, in die katholische Kirche eingetreten. Seither war Gaudete für mich ein bisschen ein überirdisches Datum.

«Gaudete in Domino semper» («Freut euch im Herrn allezeit») lautet die Bezeichnung des 3. Adventssonntags. Und das tut sie jetzt. Katharina hat sich, auch vor dem Krebs, viel gequält und dann krass gelitten und unfassbare körperliche und seelische Schmerzen ausgehalten. Jetzt freut sie sich für immer.

Ich stelle mir vor, wie sie im Himmel Räume gestaltet

und Kunst aufhängt, über das Kamelhaargewand Johannes des Täufers sagt: «Cooler Look!» und mit der Sr. Clare das Kinderprogramm managt. Sie wird es so lieben, diese Intimität mit Jesus, dem Vater, dem Heiligen Geist, allen Engeln und den ganzen Heiligen.

Nach dem Begräbnis saß ich zwei Stunden bei Katharinas Schwägerin Swantje im Auto. Deren Demut und Tapferkeit und die Freiheit, Tiefe und Freundlichkeit des Gesprächs kamen mir vor wie ein großes Geschenk. Als ich ausstieg, meinte sie: «Ich glaube, unsere Begegnung hat Katharina eingefädelt.» Katharina hat immer die besten Geschenke gemacht. Seit dieser Autofahrt weiß ich, wir befinden uns jetzt in dem Zeitalter, in dem wir damit rechnen können, dass Katharina uns was einfädelt. Bis wir uns endlich wiedersehen.

Auszug aus einer Nachricht, die Katharina direkt nach der Diagnose Anfang September geschrieben hat:

> *Es ist seltsam. Als ich heute Nacht vollkommen verzweifelt war, ich war noch unter Schock und konnte nicht fassen, was da mit mir passiert – habe ich in meinem Kopf immer wieder nach dem ‹Fehler› gesucht, wo an welcher Stelle hat das System versagt, wo habe ich versagt … da habe ich auf einmal einen Frieden bekommen. Als würde eine Stimme sagen, lass dich in meine Hand fallen, es wird gut werden,*

ich bin da, heute und alle Tage, ich werde dir Frieden geben. Heute bin ich schon den ganzen Tag ruhig und friedlich. Es werden auch noch andere Tage mit OPs, Schmerzen, Übelkeit … Tränen und auch Angst kommen. Aber ich habe dennoch eine tiefe Gewissheit, dass es gut wird. Ich glaube an Heilung, aber auch wenn nicht, so wird es gut.

Angekommensein

Manche Menschen sagen, sie hätten keine Sehnsucht, die sie um- oder wenigstens antreibt. Ich glaube das nicht so richtig. Mir kommt es eher so vor, als sei da eine Ursehnsucht, die uns tief verbindet. Sie äußert sich nur sehr unterschiedlich: in dem dringenden Wunsch nach dem schnelleren Auto oder dem ultimativ-erholsamen Urlaub, nach einer Garderobe, die wirklich meinen erlesenen Geschmack ausdrückt, danach, dass jeder, der mich sieht, mich auch erkennt, nach der nächsten Beförderung, der anhaltenden finanziellen Sicherheit, der optimalen Wohnung, dem perfekten Gespräch, dem gesündesten Körper, dem Menschen, der einen immer versteht, dem ersten oder nächsten Kind, der sportlichen Höchstleistung, dem guten Abitur, dem neuen iPhone oder schlicht in dem Wunsch, dass mir alle meine Ruhe lassen.

Diese Wünsche sind offensichtlich nicht alle gleich deep, und sie erscheinen uns auch unterschiedlich gerechtfertigt, aber ich glaube, dass sie eines gemeinsam haben: Sie entstammen eben dieser tiefen Sehnsucht, nämlich der nach dem vollendeten Angekommensein. Und wenn wir sie nicht einordnen, fressen unsere Wünsche uns auf: Wir brauchen nicht unbedingt ein schnelleres Auto, um glücklich zu sein, aber verstanden werden müssen wir alle. Selbst das kann zum Abgott werden. Kein Mensch versteht einen *immer,* und das Verlangen danach wird schnell zur Zumutung.

Es gibt nur einen, der die Sehnsucht wirklich zur Vollendung führen kann, und das ist unser Erfinder. Der uns gemacht hat, um in der Fülle der Liebe der Dreifaltigkeit zu leben. Da sind wir dann ganz angekommen. Da fehlt dann nichts mehr, denn dafür sind wir erschaffen – für die perfekte lovestory. Das ist auch der Grund, warum in Kirchen so viel gesungen wird. Musik ist ein Vorgeschmack auf dieses Versinken in Gott. Deshalb ist es auch wichtig, ihn zu loben. Nicht weil er so egozentrisch ist. Sondern weil das Loben uns richtig ausrichtet und glücklich macht und wir dabei irgendwie in Gott eintauchen. – Übrigens liegt da auch die Wurzel eines der katholischen dirty secrets, das unsere evangelischen Kompagnons in der Regel befremdet: Für Maria singen ist krass erfüllend. Man dringt dabei noch tiefer ein in die Verehrung Gottes. Wir finden ihn so verehrungswürdig, dass wir sogar das Herz ehren, unter dem er getragen wurde. An diesem Herz und seiner Besitzerin wird die Größe der menschlichen Berufung besonders deutlich. Was Gott uns zutraut und wo er uns haben will – ganz nah bei ihm aufregende Missionen erfüllend. Alles andere ist unbefriedigend und wird es immer bleiben. Es kann uns freuen und weiterbringen, aber wenn es unser höchstes Ziel wird, zerstört es uns. Nur die Zärtlichkeit Jesu ist wirkliches Zuhause.

Katharina wurde, wie die meisten von uns anderen auch, von ihren Sehnsüchten manchmal geknechtet. Das Ankommen ist ihr nicht leichtgefallen. Mir auch nicht. Das hat aber andere Gründe: Während Katharina (wahrscheinlich sich und manchen anderen) zeigen wollte, dass sie auch die größten Modehäuser der Welt dirigieren könnte, will ich eher wissen, was an jedem Tag in den nächsten zehn Jahren passiert, damit ich es gut vorbereiten kann – sodass ich also alles unter meiner Kontrolle habe. Gott versteht beide Bedürfnisse, aber er wäre nicht ein liebender Vater, wenn er uns nicht die Chance geben würde, über sie hinauszuwachsen.

Wir existieren nicht, um jemandem etwas zu beweisen, nicht mal uns selbst. Unsere Komplexe sind keine guten Ratgeber. Und Kontrolle lädt uns nicht nur Verantwortung auf, die wir nicht tragen können und die uns daher knechtet – sie ist auch eine Illusion.

Ich bin überzeugt, dass Gott für jeden von uns eine eigene Mission hat und dass keiner von uns fehlen darf in seinem Plan. Wir sind nicht aus Versehen hier, und wir sind auch nicht zufällig mit unseren speziellen Gaben und Sehnsüchten ausgestattet. Wir sind für das Gute geschaffen (aber frei, uns *gegen* das Gute zu entscheiden). Einen Fünfjahresplan für unser gutes Leben kriegen wir allerdings nicht vorgelegt. Das ist wahrscheinlich der cleveren Pädagogik Gottes geschuldet. Ich weiß, dass ich das eigentlich Relevante aus den Augen verlieren würde, wenn ich einen Fünfjahresplan hätte – nämlich die ganzen kleinen Momente des Alltags – die «Jetzte»: spontane Gespräche mit Obdachlosen zum Beispiel, die keine Sau bemerkt, außer dem Obdachlosen und einem selbst. (Und in meinem Fall noch alle Menschen, die ich kenne, weil ich die Schnauze nicht halten kann und jede bewegende Begegnung direkt im Anschluss zwanghaft allen auf die Nase binden muss.)

Das große Missverständnis bezüglich Gottes Führung ist die Erwartung, dass man hier auf der Erde irgendwann dauerhaft an den Punkt kommt, wo man denkt: «Cool, alles geklärt, alles erledigt, fleißig gewesen, verdient, was mir zusteht, keine weiteren Fragen, keine Unsicherheiten, keine Herausforderungen – ich bin so krass angekommen.» Es gibt diesen Frieden, der höher ist als alle Vernunft, aber der heißt so, weil es der Vernunft nach lebenslang immer neue Gründe gibt, sich zu sorgen oder unsicher zu sein.

Für diesen Frieden muss man loslassen. Ich habe das geliebt an Katharina. Immer wieder konnte man ihr beim Loslassen zuschauen. Wir haben es beide versucht. Uns nicht an unseren Wünschen festzukrallen. Und wir haben beide immer total gern laut gesungen, das hilft dabei. Diese großen alten Hymnen, in die man sich ganz reingeben kann, wenn man sie aus vollem Herzen singt. Wenn ich «In Christ Alone» höre oder «Take my Life and let it be», ist meine Sehnsucht nach der Katharina so groß, dass ich's kaum aushalte.

Wenn man sich das wie Katharina traut, das Loslassen, passiert etwas sehr Aufregendes: Man entwickelt sich. Es ist enorm ermutigend, wenn man zuschauen kann, wie die Schwächen bei den anderen schwächer werden und ihre Stärken mehr Platz haben. Wenn du bereit bist, Gott an dich ranzulassen und deinen Plan aufzugeben – was immer wieder eine krasse Überwindung bedeutet –, dann bleibst du nicht immer der gleiche Choleriker, Trübsalblaser, Pornoabhängige oder Lügner.

Ich kann's nicht leiden, mich infrage stellen zu lassen, da war Katharina mir besonders weit voraus, aber ich weiß, dass sogar das, was mir an mir selbst besonders tugendhaft erscheint, gelegentlich ein echtes seelisches Handicap ist. Bei Gott ankommen heißt, dass er mich genau da abholt, bei meinen Kurzsichtigkeiten, und dass er die immer wieder auch einfach mit Gold überzieht, wenn ich es vermassle, aber aus meinem Fehler etwas Gutes entsteht. Ich glaube, das krasseste Gold, das ich je gesehen habe, ist dieser Satz aus Katharinas Nachricht von oben:

… ich habe eine tiefe Gewissheit, dass es gut wird. Ich glaube an Heilung, aber auch wenn nicht, so wird es gut.

Sie hat so viel gesucht nach dem Angekommensein, und dann hat sie es da gefunden, wo es eigentlich nicht hingehört: trotz lauter ungeklärter essenziellen Fragen, in Schmerzen, nachts allein in einem Krankenhausbett, mit der völlig fehlplatzierten, aber zuverlässig auftretenden Frage, ob man selbst versagt habe – da war auf einmal, wenigstens in diesem Moment, nur noch Frieden.

Ich glaube, das Angekommensein hat viel zu tun mit dem Annehmen vom Harten, von dem, was man sich nicht ausgesucht hat.

Armut

Die krasse Ungleichheit auf unserer Welt ist eine Spannung, die man aushalten muss. Man kann sich ihr entziehen, indem man sich einredet, die Armen hätten nichts mit einem selbst zu tun und es sei nicht die eigene Verantwortung, wenn jemand hungert. Oder indem man einen selbstgerechten Zorn auf Politiker, Gott oder andere vermeintlich Verantwortliche züchtet und dann entweder apathisch oder aggressiv wird. Aber das ist ja ehrlicherweise alles eher nutzlos bis destruktiv.

Gleichzeitig kommt es mir auch so vor, als sollten wir unsere Armutsdefinition überarbeiten. Wirklich arm sind doch in Wahrheit die Hoffnungsablehner, die Geldgeilen, die passionierten Egoisten, diejenigen, die Arroganz zelebrieren. Die Kinder in Afrika dagegen, die zerrissene Kleider tragen, aber davon träumen, Ärzte und Lehrer zu werden, um anderen zu helfen – die sind nicht arm. Die gehören zu unseren qualifiziertesten Vorbildern. Deshalb ist das Schlauste, was wir tun können, uns ihnen in irgendeiner Form anzuschließen, naheliegenderweise erst mal, indem wir ihnen zuhören und unsere materielle Fülle mit ihnen teilen.

Trotzdem ist es nicht immer ganz einfach und klar, wie man das optimal angeht.

Katharina hat erstaunlich wenig damit gerungen, dass sie einerseits Freude am Schönen und am Genuss hatte und andererseits ein klares Bewusstsein für wirklich relevante Prioritäten, wie die Not ihrer Mitmenschen. Sie ist auf diesem schmalen Grat balanciert wie kaum eine andere. Weit entfernt von pseudochristlicher Genussfeindlichkeit einerseits oder dekadenter Ignoranz andererseits, hat sie am laufenden Band Biografien von wahnsinnigen käferessenden Missionaren im Dschungel gelesen und dabei ihre Karriere bei Chanel geplant. Sie hat ständig einen guten Teil ihres (in einer Glitziglitzi-Branche verdienten) Geldes in die Berge Perus oder an andere entlegene Orte gekarrt, um Familien zu ernähren, Mütter auszubilden oder Kranke zu versorgen. Sie hat Luxus geliebt, fand es aber auch total okay, mit dem Rucksack zu verreisen, dabei auf dem Boden zu schlafen, von Moskitos zerstochen zu werden und auf die ein oder andere Mahlzeit zu verzichten. Sie hat sich gefreut über gutes Essen und feinen Tee. Aber sie war immun gegen diese verwöhnte Spießigkeit, die erklärt, dass man nur *diesen einen* Essig mit feinen Goldpartikeln drin verwenden sollte und immer *jenen speziellen* Rotwein trinkt, weil man den italienischen Weinberg, von dem er stammt, nur krabbelnd erreichen kann.

Mir ist das immer ein bisschen unangenehm, wenn Leute so reden, weil es sich anfühlt wie ein aus Versehen zelebrierter Verrat an denen, die unter echtem Mangel leiden. Ich kann nicht allein das Problem des Hungers auf der Welt lösen, aber ich muss wenigstens nicht betonen, dass ich nur das beste Brot der Stadt esse, während andere Leute ihren Kindern nicht mal alte Brötchen anbieten können. Das ist genauso grotesk, wie wenn ich mich ständig beklage, dass ich 40 Stunden in der Woche zur Arbeit gehen muss oder nur zwei Tage von sieben das Wochenende ausmachen.

Katharina konnte einem altes Brot mit der gleichen Freude und Dankbarkeit verkaufen wie frische Luxusquallen-Drinks. Das war einer der Gründe, warum es immer so beflügelnd war, mit ihr Zeit zu verbringen.

Arsch in der Hose

Katharina war krass mutig. Sie hatte den Arsch in der Hose, Dinge von einer ganz anderen Seite zu denken, sich selbst und ihr Umfeld herauszufordern. Auszuhalten, dass jemand unglücklich war über ihre selbstbewussten Assessments. (Manchmal hatte sie auch einfach Lust, eine Runde zu randalieren, damit sich keiner seiner Sache zu sicher würde und es zu einem Stillstand käme. Das war nicht immer der optimale Move, aber es ist auch nie langweilig geworden mit ihr.)

Gelegentlich hatte sie superschnelle Urteile zur Hand. Oft hat sie sich dann nachträglich aber doch noch tiefgehend mit dem betreffenden Thema beschäftigt und ihre Haltung überarbeitet. Den Mumm, einerseits zu sagen, was sie dachte, auch wenn sie es anders sah als alle um sie herum, und andererseits auch mal hinterher zu erklären, dass sie danebengelegen war, hatte sie in den allermeisten Fällen.

Sie hat sich irgendwie weniger gefürchtet als wir anderen vor dem Unmut der Menschen und herausfordernden Situationen. Während man selbst noch überlegt hat, *ob* man sich eine gewisse Anstrengung antun wollte – ob es vernünftig war, zudem finanziell nachhaltig und bitte auch ohne mühsame langfristige Verbindlichkeiten beziehungsweise zwischenmenschliche Hürden –, hatte sie schon die Devise «ran an den Speck» proklamiert und war mittendrin im nächsten Projekt.

Für die aktuellen Challenges der Kirche und der Welt brauchen wir eine ordentliche Portion Arsch in der Hose und ein paar unkonventionelle Lösungen. Und das wird auch deshalb kein Selbstläufer, weil Angst omnipräsent ist und zu oft als Ratgeber akzeptiert wird. Dabei klärt sie ja nichts, sie produziert nur Nebel, Spaltung und Unsicherheit. Gut laufen tut es nur dort, wo Gelassenheit, Zärtlichkeit und Courage tonangebend sind.

Wir müssen am laufenden Band gute Entscheidungen treffen, um mit Elan die Leute ins Boot zu holen, gerade in der Kirche. Deshalb brauchen wir dringend Katharinas Arsch in der Hose. (Kein Arsch = keine Entscheidungen!) Oder – wie es im zweiten Brief an Timotheus heißt: «Einen Geist der Kraft, der Besonnenheit und der Liebe.»

Dieser Planet ist so krass herausgefordert: Überall laufen Menschen herum, die nicht wissen, dass sie von Ewigkeit her geliebt sind.

Das gehört so nicht.

Wenn die Kirche ihren Job machen und dafür sorgen will, dass bis an alle Enden der Erde bekannt wird, dass es keinen einzigen Menschen gibt, der nicht unendlich geliebt und für seine eigene perfekte Mission ausgestattet ist, dann muss sie anfangen, mit ein bisschen mehr Mut zu agieren.

Berufung

In der katholischen Kirche sagt man in der Regel, jemand habe eine Berufung, wenn diese Person Priester werden oder ins Kloster gehen möchte. Manche sprechen auch von der «Berufung zur Ehe». Von der Berufung zu einem Leben ohne Ehe und ohne deklarierte Ehelosigkeit wird nicht unendlich viel gesprochen. Ich glaube, das liegt auch daran, dass man in einer Zeit, in der sich die Menschen schwerer tun mit Verbindlichkeit, niemanden zur Verantwortungslosigkeit ermutigen will.

Leben bedeutet Entscheidungen treffen.

Und es ist tatsächlich eine ernstzunehmende Misere, wenn jemand versucht, sich ohne sie durchzumogeln. Dennoch es ist weder weise noch gnädig, den Männern und Frauen, die nicht unter der Haube oder im Kloster sind, ein Leben in Hingabe in gewisser Weise abzusprechen.

Bei evangelischen Christen verhält sichs ähnlich, allerdings fällt die Option mit der organisierten Ehelosigkeit weitgehend weg, das heißt: Es ist noch klarer, wo die Reise eines erfüllten Lebens hingehen muss. Ich habe den Verdacht, dass die Ehe bei tüchtigen Frommen, ganz konfessionsunabhängig, teilweise so hoch aufgehängt wird, dass es sie klein macht. Wenn ich ein wirklich hingebungsvolles und frohes Leben nur verheiratet führen kann, dann ist es nicht mehr so sehr ein Wunder und ein Geschenk, jemanden zu treffen, mit dem man sein Leben verbringen will (und der das genauso sieht), sondern dann muss einfach irgendein Partner her.

Bei Menschen, die gar nicht deklariert christlich sind, verhält es sich ähnlich. Nur geht es da halt weniger um die Ehe. Aber trotzdem gibt es einen weitverbreiteten Konsens:

Wenn du nicht liiert bist, fehlt dir was.

Katharina hat diesbezüglich immer wieder echt gelitten. Ich finde das, gerade aus der heutigen Perspektive, nicht so leicht auszuhalten: dass es diese unnötige Quälerei gegeben hat. Dass die umwerfende Katharina einen – wenn auch kleinen – Teil ihrer so kurzen und wertvollen Zeit damit verbracht hat, sich zu sorgen, ob sie wirklich liebenswert war, weil ihr noch kein Mann versprochen hatte, sie bis in den Tod zu achten und zu ehren.

Es ist erstaunlich, auf welche Art wir aktuell im Christentum die Ehe anpreisen, obwohl wir doch diejenigen sind, die sich an Jesus orientieren, der explizit Werbung für die Ehelosigkeit um des Himmelreiches willen gemacht hat! Und Paulus schreibt sogar: «Ich wünschte, alle Menschen wären (unverheiratet) wie ich.» Jetzt kann man sagen, und sicher zu Recht, Paulus war ein krasser Typ, aber Fakt ist, die Bibel propagiert – nicht nur, aber auch: Ehelosigkeit. Und deren konkrete Formen waren nicht von Anfang an in Stein gemeißelt, sondern über die Jahrtausende haben sie sich gewandelt, und es sind neue entstanden. Da ist es doch nicht besonders raffiniert, allen Menschen, die (noch) nicht in ein existierendes System passen, zu vermitteln, sie hingen bis auf Weiteres leider doch sehr in der Luft und könnten daher nur mit angezogener Handbremse leben.

Zumal eine der aktuell beliebtesten Illusionen der westlichen Gesellschaft besagt, dass alle immer alles haben können, und zwar gleichzeitig. Und das stimmt einfach nicht. Klar, du kannst im Januar in Hamburg Erdbeeren essen, aber dann musst du auf dich nehmen, dass dein Snack ein eigenes «Miles & More»-Konto hat.

Wenn heute irgendjemand irgendwo vorgestellt wird, geht es immer darum, wie viele Bücher sie geschrieben haben, während sie fünf kleine Kinder großgezogen und dabei sieben Jobs und 38 Ehrenämter jonglierten, während sie parallel die erfolgreichste App aller Zeiten erfanden.

Viel schwieriger ist natürlich *messbar*, wie dieselben Leute sich an der Supermarkt-Kasse verhalten oder wie sie an Bettlern vorbeigehen, ob sie nett zu ihren Schwiegereltern sind und wie sie mit Demütigungen umgehen. Obwohl das doch die Momente sind, in denen du merkst, ob du es mit reifen, liebesfähigen Erwachsenen zu tun hast.

Wenn Ehe, Karriere, Kinder, App-Erfindungen und Co. Dinge sind, die wir als abzuhakende freie Felder auf einer Must-have-Liste verkaufen, bauen wir abartigen Druck auf, unter dem keiner reift. Und für die Schwiegermutter bleibt dann wenig Zeit.

Ich glaube, es hätte für Katharina leichter sein können, die vielen Jahre vor ihrer Ehe fröhlich aus dem Vollen schöpfend zu erleben, wenn noch ein anderer Zugang zu dem ganzen Komplex im Angebot wäre. Sie hat so viel aufgebaut und erlebt, sie war so da für die anderen, die Freundschaft mit ihr eine solche Bereicherung. Aber manchmal hat das alles nicht gezählt, weil die Liste nicht abgehakt war. Diese Frage nach dem Verheiratet- oder Erst-mal-Verliebtsein hat sie manchmal die Hoffnung gekostet. Und das hat eben auch damit zu tun, dass die Kommunikation diesbezüglich immer noch an vielen Stellen einfach verkackt wird: Ich persönlich hatte mehr als ein Gespräch mit einem Geistlichen, der mir geraten hat, dringend einen ordentlichen offiziellen Weg (i. e. schnelle Heirat oder anständiges Kloster) einzuschlagen, weil es irgendwann zu spät sein könnte. Schöne Geschichten von glücklichen Lebensentscheidungen, die im Zustand der (Torschluss-)Panik getroffen wurden, kenne ich allerdings nicht besonders viele. Andererseits habe ich mit Frauen und Männern gesprochen, die mir den erschreckenden Eindruck vermittelten, sich primär über ihr

Single-Sein – und damit über ihr selbsterklärt defizitäres Leben – zu definieren. Diese zelebrierte Erbärmlichkeit hat doch nichts mit dem Evangelium zu tun.

Ich glaube, dass man nur glücklich werden kann, wenn man sein Leben verschenkt, sich ganz hingibt und bereit ist zu dienen – aber das geht doch nicht nur im verheirateten Zustand (oder im Orden)! Ganz im Gegenteil – als Single hat man da viel mehr Gestaltungsspielraum.

Das Aufregende an Katharina war, dass sie genau das immer wieder sehr klar gesehen hat. Sie hat den Spielraum gestaltet, so wie sie überall die Räume um sich herum gestaltet hat, und engagiert gelebt. Auch wenn sie nachts wach lag, weil sie sich gesorgt hat: Tagsüber war sie da. Für ihre Freunde. Für ihre Familie. Für diejenigen, die Hilfe gebraucht haben. Sie hat hart gearbeitet und viel aufgebaut und entwickelt. Sie war kreativ, hat sich um die Menschen bemüht und passioniert zugehört und erzählt – oft sehr lustige Geschichten, und in vielen Fällen maßlos übertrieben.

Ich kann mich nicht an eine Katharina erinnern, außer in ein paar Momenten vor ihrem Tod, die nicht gegen die Anfechtung der Traurigkeit gekämpft hätte – egal ob verheiratet, als Mutter oder als Single. Aber sie hat erfolgreich gekämpft. Ihre Tapferkeit hat sich vor allem dadurch geäußert, wie sie sich getraut hat, sich zu freuen, und noch mehr: ihre Freude weiterzugeben.

Demut

Ein anstrengender Begriff auf den ersten Blick. Stammt etymologisch von «Mut zu dienen», glaube ich. Da haben es die Katholiken leichter als die Evangelischen. Die sind vertrauter mit mangelnder linguistischer Coolness. Die finden sich schon voll modern, wenn von Demut und nicht von *humilitas* die Rede ist.

Demut klingt nicht wie das, was alle wollen – in echt ist sie aber das Nonplusultra. Nämlich das Gegenteil von Minderwertigkeitskomplexen und von Arroganz, die in Wahrheit ja nur der Minderwertigkeitskomplex in einem schickeren Mäntelchen ist.

Demut ist die christliche Ur-Tugend und gleichzeitig Grundvoraussetzung für eine gewisse Gelassenheit. Demütig sein bedeutet nämlich, auf dem Schirm zu haben, dass man mit seinen Abgründen unendlich geliebt ist und man deshalb auch nicht da stehenbleiben muss, wo man gerade rummurkst. Und das macht glücklich und frei in der Birne und im Herzen.

Demut bewahrt vor Selbstmitleid, Unbarmherzigkeit und Abschottungs-Mentalität. Mir ist aufgefallen, dass Christen gelegentlich davon ausgehen, dass die Welt sie ablehnt. Das stimmt, dass Jesus uns prognostiziert hat, dass wir verfolgt werden. Und es wird tatsächlich weltweit kaum eine Crowd so engagiert verfolgt wie Christen. Aber manchmal benehmen wir uns auch einfach wie selbstgerechte Ärsche, und wenn uns dann keiner leiden kann, tun wir so, als hätten wir – bei aller Demut natürlich – bemerkt, dass das an der Gottesferne der Welt liegt.

Dabei müsste doch jemand, der sich von Ewigkeit her geliebt weiß, im Stande sehen, besonders großzügig und souverän auf die anderen zuzugehen. Auch auf diejenigen, die einen kacke finden. Oder unseren geliebten Glauben ablehnen. Die «Kein Gott, kein Staat, kein Patriarchat»-Ruferinnen. Die könnten wir lieben bis zum Umfallen, wenn wir bloß demütig wären. Wenn wir nicht ständig Sorge hätten, dass ihr Rufen uns und unseren Verein kränken könnte, hätten wir Kapazitäten, darüber zu grübeln, wie sie Gottes Zärtlichkeit erfahren können.

Katharina hat das gemacht. Sie wusste, dass sie selbst eine Busenfreundin vom Herrgott war, und sie wusste, dass er sie gebrauchen wollte, damit auch die Ruferinnen die Chance hatten zu erfahren, dass sie nicht aus Versehen hier, sondern vom Höchsten gewollt waren. Sie hatte parat, dass es vom lieben Gott persönlich größere und schönere Pläne gab für die Ruferinnen, als ihn und den Staat gemeinsam abzuschaffen, und gleichzeitig ist es ihr gelungen, auch wenn sie von einer Sache bombenfest überzeugt war, sich selbst nicht zum Maßstab aller Dinge zu machen.

Um wirklich demütig zu sein, musst du aushalten können, dass du ganz unverdient ganz angenommen bist. Und zwar sowohl dann, wenn alle dich für die Thronfolgerin halten, als auch dann, wenn sie annehmen, du seist die Putzfrau. Beides ist nicht so einfach. Wahrscheinlich nähern wir uns dem Thema auch viel zu verkopft. In echt ist es sehr praktisch, das Demut-Üben:

Einfach mal sowohl das Lob der anderen als auch die Peinlichkeiten des Alltags hinnehmen und aushalten.

Wenn dein Kind das einzige ist, das sich auf dem Spielplatz heimlich untenrum frei macht, wenn dir am falschen Ort ein saudummer Witz rausrutscht, wenn du jemanden fragst, ob sie schwanger ist, und sie ist es nicht, brauchst du – egal wie cool du sonst bist – gleich viel weniger Demut-Theorie. Es ist doch ein bisschen absurd, wie oft wir voller Bewunderung Mutter Teresas Demutsexpertise studieren und uns erzählen, dass sie Flugzeug-Klos geputzt hat, um am Boden zu bleiben – und unsere eigenen Klos dann von jemand anderem putzen lassen.

In echt geht's ja nicht ums Kloputzen ... Es geht darum, dass wir nicht so eingenommen sind von uns selbst und dem Bewusstsein, dass wir für Klos zu schick, ausgebucht oder vorbelastet etc. sind. Wir nehmen uns oft so sauwichtig.

Manchmal tun wir Christen auch so, als wollten wir den Herrgott vor Beleidigungen schützen und würden die obigen Ruferinnen deshalb so kategorisch ablehnen. Aber die Mission, die er uns aufs Auge gedrückt hat, ist ja zu lieben, wie er liebt – und Jesus war zu den Assis (um auf die Schnelle Zöllner, Prostituierte und Ruferinnen zusammenzufassen) am herzlichsten.

Und geht es doch in echt sehr häufig eher um unsere eigene Anerkennung. Und um das in den Griff zu kriegen, können die profansten Aktionen sehr nützlich sein. Wichtig ist dabei vor allem, dass in uns Platz wird. Den benötigen wir nämlich, um die anderen ordentlich zu lieben und uns lieben zu lassen. Das kriegen wir am zuverlässigsten mit der Hilfe Gottes hin, und der braucht sauviel Raum. Eigentlich keine große Überraschung, dass es für den Schöpfer des Universums in der hintersten ignoriertesten Besenkammer unseres Inneren zu eng ist.

Katharina und ich haben versucht zu üben, uns demutstechnisch besser aufzustellen. Mit schwankenden Ergebnissen, würde ich sagen. Bis sie mich irgendwann weit überholt hat. Jetzt hängt sie mit Engeln ab, und mir rutschen nach wie vor mit großer Zuverlässigkeit Momente der Arroganz, des Selbstmitleids und des Egoismus raus.

Dichthalten

Katharina war eine wandelnde Katastrophe diesbezüglich. Nachdem ich sie eine Weile besser kannte, habe ich, wenn sie mir etwas erzählt hat, was vertraulich klang, immer schon direkt gefragt, ob die ursprünglichen Eigentümer der Vertraulichkeiten von meinem Eingeweihtsein wussten.

Sie war eigentlich immer überrascht, wenn jemand sich geärgert hat über ihre Indiskretion. Manchmal war sie auch geknickt und hat eingesehen, dass sie zu offenherzig mit Informationen umgegangen ist. Aber ich habe nicht mitbekommen, dass sie ihre Politik diesbezüglich geändert hätte. Ich glaube, ihr hat das Konzept einfach nicht eingeleuchtet: Wieso sollten die anderen nicht erfahren, wenn dir etwas Gutes oder Schlechtes passiert ist? Ich habe sie – nicht lang vor ihrem Tod – diesbezüglich gerügt. Es hat sie kein bisschen beeindruckt.

Trotzdem wusste ich, dass die Dinge bei ihr in guten Händen waren. Eine Zeit lang, als wir noch beide evangelische Berlinerinnen waren, haben wir uns – Bonhoeffer-Style – überlegt, beieinander zu beichten, weil wir es hilfreich fanden, vor einem anderen unseren Schutt abzuladen. Meist ging es darum, dass wir zu irgendjemandem lieblos gewesen waren. Unser jeweiliges Arschloch-Potenzial war uns immer bewusst. Vielleicht war es auch deshalb so leicht, zu vertrauen. Es ist ein Erlebnis angenehmer Fürsorge, einer Freundin zu gestehen, wie gemein man war, und als Reaktion darauf keine harten Urteile zu ernten.

Inzwischen sind meine Beichten gründlicher geworden, und ich bin sehr froh, dass mein erster Beichtvater Katharina mit Abstand mein indiskretester war. Die katholischen Jungs jetzt können es deutlich besser, das Dichthalten. Das ist schon ein großes Glück beim Katholiken-Dasein, dass es da so ein ausgefuchstes System der individuellen Seelsorge gibt. Dass du weißt, dieser Typ sitzt jeden Dienstagabend eine Stunde in seinem Beichtstuhl und wartet nur darauf, dir dein Elend abzunehmen. Und er darf niemals drüber reden! Das macht es einem leicht, weil dieses Angebot eine der potentesten Optionen darstellt, um Gottes Zärtlichkeit und Fürsorge am eigenen Leib zu erleben.

Ich vermute, dass das Schweigen eine Kernkompetenz der Seelsorge sein muss, wenn sie die Menschen wirklich weiterbringen will. Der Königsweg ist dann die Fähigkeit, im richtigen Moment zu reden und im richtigen Moment zu schweigen. Wenn dir jemand seine Not erzählt hat, ist das Nonplusultra einerseits dranzubleiben und nachzuhaken, ob die Lage besser geworden ist, und andererseits mit niemandem sonst darüber zu sprechen. – Oft machen wir es umgekehrt.

Unter frommen Menschen gibt es den beliebten Move, dass man Indiskretionen ausplaudert und dann selig schaut, wenn man erklärt: «Ich sag dir das nur, damit du für XY beten kannst.» Diese Kombination aus Tratschen und Urteilen ist keine richtig gelungene Werbung für uns Freunde von Jesus, fürchte ich.

Beim Dichthalten können uns die Priesti-Boys ein großes Vorbild sein. Was die katholischen Fulltime-Seelsorger mit Katharina gemeinsam haben, ist die Kultur des Nicht-Urteilens. Und das ist tatsächlich eine Voraussetzung für ein Leben in Fülle.

Katharina hat mich immer wieder gefragt, wie meine Priesterfreunde bestimmte Dinge einschätzen. Ich glaube, sie hat selbst keinen einzigen katholischen Priester gekannt, aber sie hätte gern. Ich verstehe das. Ich kenne kaum Menschen, die so hemmungslos für andere zurückstecken wie sie. Katharina hat das gerafft – auch aus der Ferne. Sie hatte eine Gabe, die wichtigen Dinge gleich zu schnallen. Sie hat sie dann halt oft weitererzählt.

Einheit

Katharina hatte nicht nur für niedersächsische Mitglieder der Mittelstands-Union die gleichen guten Nerven wie für boxende Berliner Türken. Sie war mit beiden herzlichst verbunden.

Ich merke, dass ich da hinterherhinke.

Ich habe ein starkes Bedürfnis, mit Leuten rumzuhängen, die so sind wie ich: mein persönliches Optimalmaß an Niedersachsen, Türkei, CDU und Boxklub teilen. Mit Menschen, die die Welt so sehen wie ich. Ich habe den geheimen Wunsch, dass mir keiner widerspricht, sondern – wenn's richtig gut läuft – alle eine Runde klatschen, wenn ich sage, was in meinem Umfeld in Wahrheit eh alle denken. «Weil es so super ist, dass sich endlich mal jemand traut, das auf den Punkt zu bringen.»

Aber mein katholisches Geschwurbel geht selten an Herzblutatheisten. Nicht mal an Katholiken, die es anders sehen. Das wäre viel zu mühsam. «Fuck Nationalsozialismus!» sagt ja auch nie jemand einem Nazi ins Gesicht.

(Die Grünen haben noch diesen Missionseifer, der von endlosem Selbstvertrauen zeugt. Aber das geht bei denen auch leicht, weil da gerade ohnehin jeder mitmachen will.)

Kategorisieren ist wichtig, weil ohne System alles zerfällt oder unbenennbar wird. Aber diese Aufteilungs-Geilheit ist eine menschliche Schwäche. Und wir tun das oft sogar auch noch gezielt innerhalb des Parameters unseres Glaubens. Da ist die Fixierung auf das Trennende besonders pervers. (Für jemanden, der sich katholisch nennt, übrigens noch mehr, weil das nämlich genau das Gegenteil bedeutet von: «Entweder du siehst es wie ich, oder du brauchst einen anderen Klub!». Wir gehören zu dem Laden mit der größten Diversity. Der Titel «katholisch» – von griechisch *katholikós* = das Ganze, alle betreffend – ist kein Label, sondern ein Anspruch.)

Wenn die Welt sich ergeht in einem Wahn, das Trennende zu betonen und die Spaltung zu verherrlichen – Frauen vs. Männer und Heterosexuelle vs. LGBTQIA-Crowd, Klimaaktivisten vs. Vielflieger, Leute mit Kindern vs. Kinderlose und Arbeiter vs. Manager, Muslime vs. Nicht-Muslime, Mütter vs. die Babys in ihrem Bauch und Schwarze vs. Weiße sowieso –, dann ist es unser Job als Christen, daran zu erinnern, dass Mauern nicht unsere Mission sind. Wir ziehen nicht ständig harte Grenzen. Wir wissen, dass wir das ausnahmslos zwischen von Gott nach seinem Ebenbild erschaffenen Kreaturen tun würden, während die Ebenbildlichkeit ja eigentlich impliziert, dass Unterschiede kein Handicap, sondern primär mal ein Indiz für Gottes Kreativität sind. Da können wir wirklich Salz sein, wenn wir die Welt daran erinnern.

Aber statt mit Feuereifer verbindend zu wirken (in dem Bewusstsein, dass Gott auf der ganzen Welt Lieblingskinder hat, und nicht nur christliche), passiert es uns (mir leider auch) immer wieder, dass wir uns sogar innerhalb unseres eigenen Ladens misstrauisch abchecken. Wir beobachten zum Beispiel, wie sich jemand im Gottesdienst bewegt. Oder stellen uns gegenseitig argwöhnisch Testfragen, um zu eruieren, ob die anderen wirklich genauso glauben wie wir selbst. Dabei ist das völlig unwichtig. Relevant ist, dass unsere Ehrfurcht und Zuneigung zu Gott wächst, wir mehr kapieren, wie tief seine Liebe zu uns ist, und dass man uns an der Liebe zueinander erkennen kann. Wenn wir unsere eigenen Geschwister nicht aushalten, wie wollen wir andere in unsere Familie aufnehmen? Wir sind der Leib Christi, aber armer Jesus, manchmal sind wir schon ein sehr wehleidiger Körper mit stumpfem Geist und nicht seine Familie, die eine Kultur des radikalen Vertrauens und der Dankbarkeit populär macht.

Dieses Denken in kleinen Portionen, dieses Lage-Sondieren («Wer gehört zu meiner Crowd?») ist eine massive geistig-seelische Behinderung für einen Christen. So was steht der Pädagogik und dem Lifestyle Jesu diametral entgegen. Du wählst Biden, oder du wählst Trump, und danach kannst nie mehr mit jemandem aus dem anderen

Block den gleichen Gehsteig benutzen. Da stimmt was nicht. Das ist nicht okay. Da sind wir bequem in Hirn und Herz geworden.

Katharina hätte sowohl dem Trump-Apologeten als auch dem Biden-Enthusiasten einen ihrer viel geliebten Tees gemacht. Sie konnte Menschen richtig gut finden, auch wenn sie nicht mit ihren Meinungen übereinstimmte. Wie viel glücklicher wäre die Welt, wenn wir uns alle mehr um eine solche Güte bemühen würden.

Das Gebet ist wahrscheinlich das stärkste Mittel der Einheit. Katharina hat mit ganz unterschiedlichen Menschen gebetet. Sie war Teil diverser verrückter Gebetsrunden. Vielleicht weil man nach dieser Erfahrung süchtig werden kann, sich jemandem, der so anders ist als man selbst, so nah zu fühlen, wenn man anfängt, gemeinsam zu beten. Ich selbst hatte da schon bewegende «Ein Herz und eine Seele»-Erlebnisse mit Menschen, die mir sonst nicht besonders vertraut waren.

Katharinas Fähigkeit zur Einheit hat übrigens wieder einmal besonders gefunkelt, als ich mich entschied, katholisch zu werden. Sie hat mich total unterstützt, dabei war ihr mein neuer Klub im Grunde doch eher fremd. Wenn sie etwas seltsam fand, hat sie mich danach gefragt, und wenn ich ihr erzählt habe, wie ich es meinte verstanden zu haben, hat sie das oft für einleuchtend befunden. Sie war meine einzige evangelische Vertraute, die es plausibel fand, dass wir die Heiligen im Himmel zum Beten einspannen. Katharina hatte immer Lust auf neue Ideen und die Konzepte dazu. Deshalb konnte sie die unterschiedlichsten Anliegen und Interessen in ihr Leben integrieren. Aber vor allem waren es Menschen, die sie integriert hat. Sehr unterschiedliche Menschen. Und das ist sicher einer der ganz elementaren Bestandteile unserer Aufgabe auf der Welt.

Das Einzige, wofür Katharina kein Verständnis hatte, war Unechtheit. Sie hätte niemanden abgelehnt aufgrund seines Lebensstils, Glaubens oder der politischen Haltung, das hätte sie schlichtweg spießig und unintelligent gefunden. Aber wenn jemand etwas vorgespielt hat, Frömmigkeit, Coolness oder Intellektualität zum Beispiel, das hat sie entweder beunruhigt, wütend gemacht oder sofort zur Flucht veranlasst. Sie hatte für jeden Scheiß Verständnis, aber nicht für gelebte Unwahrheit. Ich glaube, das war einer der Punkte, die sie an mir gemocht hat. Ich bin oft ein Arschloch, aber ich gebe mir große Mühe, nie eine Heuchlerin zu sein.

Natürlich hat sie von niemandem verlangt, sich selbst allzeit komplett offenzulegen, aber sie wollte die *echten* Leute sehen, für Darstellungen ihrer optimaleren Versionen hat sie sich nicht interessiert. Ich glaube, weil so was der Einheit im Weg steht. Einheit gibt's nur, wenn alle in echt mitmachen. Vielleicht hatten wir deshalb beide immer einen dezidierten Widerwillen gegen alles, was so tut, als ob.

Ermutigung

Katharinas Königsdisziplin. Sie hat regelmäßig das Gegengift für die schlimmste Art der Verseuchung – die Entmutigung – verabreicht. Resignierend kann man so fit sein, wie man will – da reißt man nichts. Nicht mit allem Style oder Geld der Welt. Nicht mal mit allem Herz und Hirn der Welt. Ent-Mutigung – besonders in ihrer gefährlichsten Form, dem Selbstmitleid – ist der ultimative Feind, die schlimmste Versuchung. Das potenteste Nervengift gegen Freude, Hoffnung und Entwicklung zum Guten.

Katharina hat – besonders für ihre Freunde und in ihrem Job – überall aufregende Chancen gesehen. Wenn mir ob einer Herausforderung der Arsch auf Grundeis ging, hatte für sie der spannende Teil des Projekts überhaupt erst begonnen. Ich glaube, ohne Katharina hätte ich noch mal sieben Jahre länger gebraucht, um mein unengagiertes und mühevolles Studium zu beenden. Ich war erstarrt vor Furcht, und sie war vollkommen unbeeindruckt. Fand das eine Kleinigkeit und Nebenbaustelle. Damit war sie mir die größte denkbare Hilfe. Sie hat mir dann so Nachrichten geschrieben wie:

> *Viel Erfolg heute beim Lernen – nicht vergessen: immer Spaß und gute Laune behalten ;) und morgen die mega Konzentration, Space Rakete Fleck*

Sie hat gern von «Spaß und gute Laune» gesprochen – immer bezogen auf absurde Situationen wie das Lernen für die Magister-Prüfung.

Vor allem aber konnte sie Menschen mit ihren Gaben erkennen. Sie hat bei den Leuten in ihrem Umfeld die obskursten Talente ausgegraben. Und die Besitzer dann über ihre Funde informiert. Sie hat Menschen genau gesehen und hat nicht nur deren Fähigkeiten begriffen, sondern sie auch so formuliert, dass den Besitzerinnen hinterher klarer war, was sie damit anzufangen hatten. Dieses Bewusstsein, dass wir nicht einfach so da sind, sondern für eine bestimmte Mission geschaffen und ausgerüstet – jeder von uns: Katharina hat ihr Umfeld daran erinnert. Und zwar nicht mit seichtem Ermutigungsgelaber, sondern mit klarem Blick, strenger Hand und zärtlicher Fürsorge.

Wenn man den christlichen Glauben am Kleinstmöglichen benennen wollte als das, was er zuallererst ist – noch bevor man überhaupt tiefer in seine Schönheit, Wahrheit und Radikalität einsteigt –, dann könnte man sagen:

Er ist Ermutigung. Zu wissen, dass du nicht aus Versehen da bist, dass jemand einen Plan für dich hat und dass der Allmächtige auch der Allliebende ist, ist durchaus erbaulich. Und dann steigst du tiefer ein und entdeckst Freude, Fundament, Ausrichtung, erste Ursache und letztes Ziel. Aber anfangen tut es als Ermutigung und ungläubiges Staunen, wenn folgender Gedanke auftaucht:

«Wenn das wirklich wahr wäre, dass der allmächtige Gott aus Liebe zu dir alles gegeben hat!»

Hier machen wir Gläubigen oft einen grauenvollen Fehler. Wir erzählen den Menschen von unserem Glauben, aber wir tun es mit der falschesten aller Haltungen. Statt zu vermitteln: «Ich teile das Schönste, was ich habe, und das Schönste ist Christus!», rennen wir rum, erzählen allen von unseren Überzeugungen und lassen sie dabei spüren, was uns antreibt, nämlich der Gedanke: «Das wird man ja wohl noch sagen dürfen!» Sobald man merkt, dass «Rechthaben» der eigene Antrieb zur Mission ist und nicht «Gottes Zärtlichkeit und Freude weitergeben», sollte man lieber eine Runde aussetzen und – mit Verlaub – die Schnauze halten, denn diese halsstarrige Empathielosigkeit ist der Untergang.

Ich glaube, die christliche Proto-Botschaft klingt in echt eher so: «Du bist schöner geschaffen, als du je zu hoffen gewagt hättest, du darfst dich trauen, in Fülle zu leben. Verzichte auf das, was dir schadet. Und jetzt entdecke das Große, das Gott denen bereitet hat, die ihn lieben!»

Katharina hat ständig den Blick in Richtung Fülle gewandt. Freunde, die das tun, sind ein großer Schatz. Ich erinnere mich noch, wie wir uns einmal über die Geschichte unterhalten haben, wo Petrus aus dem Boot steigt. Solange er Jesus anschaut, geht er auf dem Wasser. Und dann fängt er das Fürchten an und säuft ab. Es hat mich damals total berührt, wie Katharina über diese Stelle gesprochen hat. Sie wollte aufs Wasser und fand auch, dass die anderen aufs Wasser gehörten. Vielleicht bringt diese Geschichte unsere gemeinsamen geistlichen Erfahrungen am besten auf einen Nenner.

Ich höre, wenn ich daran denke, auch immer die Stimme von Johannes Paul II, der mit seinem schönen polnischen Akzent sagt: «Do not be afraid.»

Katharina kann sich jetzt mit ihm und Petrus direkt über die Furchtlosigkeit und das Absaufen austauschen. Sie hat, was die Gesprächspartner anbelangt, ein krasses Upgrade gemacht. Ich werde derweil hier noch versuchen, alles zu geben, um in meinem Umfeld Ermutigung zu hinterlassen. Ich halte das für einen zentralen Aspekt meiner und unserer aller Berufung auf diesem Planeten, eines der wichtigsten Tools, um die Welt gesundzulieben – das Ermutigen, ohne Psycho-Scheiß und Para-Evangelium, sondern mit dem Glanz der Wahrheit die Leute erinnernd, nach wessen Abbild sie geschaffen sind.

Gott hat nicht gemurkst.

Wir tun es gelegentlich. Aber davon darf man sich

nicht verunsichern lassen. Da ist so viel Schönheit in den Menschen! Manchmal muss man nur kurz die Augen zusammenkneifen, um sie wahrzunehmen.

Freiheit & Führung

Die Spannung zwischen unserer Entscheidungsfreiheit und Gottes Plänen – das ist sicher eines der größeren Geheimnisse des Glaubens; zusammen mit der Frage, wie viel Freiheit auf welches Maß an Vorherbestimmung trifft. Und dann gibt es ja noch einen dritten Player: unsere Umwelt, Mitmenschen, sogar das politische System, in dem wir uns aufhalten. Wir werden von Gott bewahrt, gleichzeitig dürfen und sollen wir unser Leben selbst in die Hand nehmen, und trotz allem kann uns die Welt dann doch noch einen Strich durch die Rechnung machen oder alles verzuckern.

Das lässt sich nicht mal eben kurz durchdringen, da spielt definitiv eine solide Portion Mysterium mit rein. Manchen Menschen hilft der Gedanke, dass es keine Zufälle gibt. Mir verursacht es Stress, wenn jeder Windhauch ein dezidiertes Eingreifen Gottes bedeuten soll. Ich will auch einfach mal eine Böe abkriegen und einen Zug nicht mehr erreichen, ohne mich sogleich mit Theodizee-

Fragen beschäftigen zu müssen. Das lässt sich alles nicht so leicht auflösen, es gibt keine Regel wie: «Einmal blind vertrauen, zweimal beherzt handeln, dreimal auf ganzer Linie reüssieren (also: Erfolg haben).»

Aber ich habe schon die Erfahrung gemacht, dass Gott zu uns spricht und dass er gern zuhört. Ich bin mir ziemlich sicher, dass er ein Fan von gesundem Menschenverstand ist und auch die äußeren Umstände nutzt, um zu uns zu sprechen. Er schneidet uns wahrscheinlich nicht die Fußnägel, wenn wir's nicht machen, auch nachdem wir noch so vertrauensvoll darum gebeten haben, aber er begleitet unseren Alltag mit lauter kleinen und großen Wundern. Und wenn wir uns trauen, einen winzigen Anfang zu machen, sei es nur, morgens aufzustehen oder sich doch für eine Uni in London zu bewerben, dann arbeitet er mit uns und an uns und durch und für uns. Und gar nicht so selten auch mal trotz uns.

Für mich ist Katharinas und Davids Lovestory so eine Geschichte von Freiheit und Führung. Es war wirklich wundersam, wie sie sich begegnet sind, eigentlich aufeinander aufmerksam gemacht wurden, und dann die vielen Parallelen in ihren Biografien entdeckten. Und gleichzeitig mussten sie entscheiden, sich zu trauen, den anderen kennenzulernen, mit all dem zeitlichen, emotionalen und materiellen Aufwand, den diese Mission beinhaltete.

David war eine personifizierte Gebetserhörung. An einem Punkt hatte Katharina nämlich immer mal wieder

Zwist mit dem Herrgott gehabt, bevor David auf der Bildfläche erschien: Obwohl sie ein origineller Kopf war und andere eher inspirierte, als ihnen zu folgen, hatte sie, glaube ich, manchmal genug von der vielen Freiheit, die Gott ihr ließ, und fand seine Nichteinmischungspolitik fahrlässig. Sie hat mir bei einem unserer Frühstücke mal gesagt, dass sie wütend auf Jesus sei, weil sie so gehofft habe, zu heiraten, und nun sei sie Ende 30 und ihre Hoffnung immer wieder enttäuscht worden.

Beim Gebet danach hat sie sich bei Gott bedankt für ihr schönes Leben. Ich weiß noch, dass ich damals zu ihr gesagt habe: «Ich glaube, wenn du einen Zorn auf ihn hast, musst du es ihm auch ehrlich sagen.»

Wir haben zusammen ausprobiert und geübt, wie man betet und lebt – das war nicht nur eine sehr schöne Erfahrung, wir haben dabei auch uns und Jesus besser kennengelernt.

Im Endeffekt hat Katharina David dann in dem Moment getroffen, als sie entschieden hatte, die zweite Coco Chanel zu werden. Um dann, für unser Verständnis, viel zu kurz mit ihm verheiratet zu sein und sich sogar während dieser Ehe immer wieder zu hinterfragen.

Ich will mich nicht rausreden, aber ich bin froh, dass es nicht meine Aufgabe ist zu ergründen, warum das Leben so stattfindet, wie es eben stattfindet. Warum es so unverdient wundervoll sein kann und ein anderes Mal so brutal, dass man sich nicht vorstellen kann, noch mal im Stande zu sein, aufzustehen.

Sie ist oft schwer zu ertragen – die Spannung zwischen Freiheit und Führung.

Die Welt ersäuft ja zurzeit im Führungs-Talk. Alles voller Führungskräfte. Gerne auch mit Ausbildung. Leadership-Trainings und so. Kommunikationsfortbildungen. Das hilft ja nicht unbedingt. Immer wieder führt es einfach dazu, dass zum Beispiel gemeine Frauen sehr leise sprechen, um zu vermitteln, dass sie nicht fies, sondern lieb, vor allem aber Besitzerinnen von Coaching-Zertifikaten sind. Und dann machen sie einen mit gewaltfreier Kommunikation so richtig fertig. Sie praktizieren das exakte Kontrastprogramm zu Katharinas Ermutigungs-Keulen. Katharina hat Führung anders verstanden. Aber das ist jetzt ein bisschen gemein, weil sie halt einfach ein Talent hatte für Menschen und Kommunikation. Sie musste nicht am Flipchart lernen, was ein Lob-Sandwich ist und dass es für Leute geil ist, wenn ihre Chefin sie nicht scheiße behandelt, sondern fördert.

Im christlichen Bereich nimmt inzwischen jeder Pupser an Veranstaltungen für «Leader» teil – mich eingeschlossen, gelegentlich mit größtem Enthusiasmus. (Auf der schönsten jener Veranstaltungen, in London, habe ich zum Beispiel Katharinas damals nagelneuen Verlobten David kennengelernt.)

Es ist natürlich wichtig, darüber zu reden, wie man Entscheidungen trifft, Verantwortung übernimmt, andere motiviert, ihre Fähigkeiten zu entfalten und was sonst noch so ansteht für einen Killer-Leader.

Nichtsdestotrotz braucht Gott keine Chefs, sondern Kinder. Er freut sich, wenn wir uns einsetzen und auch mal bereit sind, den Kopf hinzuhalten, aber wenn wir uns für ultimativ verantwortlich halten, kann er wenig mit uns anfangen, fürchte ich.

Katharina hatte das drauf: Kopf hinhalten und vertrauen. Sich führen lassen, um Gottes Einmischung beten und gleichzeitig, wo es dran war, selbst hart Hand anlegen bei der Gestaltung.

Ich persönlich unterliege stark der Versuchung, jeden Moment meines Alltags unter meine Alleinherrschaft bringen zu wollen, träume vom «L'État, c'est moi»-Prinzip bei meiner Lebensplanung.

Gott bietet stattdessen Freude an seinem Plan, auch wenn man ihn nicht rafft. Dabei hat er große Lust, uns Wünsche von den Augen abzulesen, noch bevor man sie darin erkennen kann, glaube ich. Einmal hat er mir einen Wunsch erfüllt, und Katharina musste deshalb ein bisschen leiden. Sie war beruflich in Wien, leitete ein Fotoshooting für eine Werbekampagne in einem Grandhotel am Ring, und wir wollten uns natürlich treffen. Leider war sie verantwortlich für das ganze Projekt, und es war viel zeitaufwändiger, als sie angenommen hatte. (Das war bei Katharina standardmäßig der Fall.)

Ich wollte sie aber so gern sehen. Also habe ich gebetet: «Bitte, lieber Gott, mach, dass sich ein Date ergibt.»

Ein paar Minuten später hat sie angerufen. Sie hatte einen Abszess am Bein und wollte ihn anschauen lassen.

Wir saßen dann stundenlang vor der Ambulanz der Rudolfstiftung im Wartezimmer und haben erzählt. Ich habe ihr bei der Gelegenheit auch gleich gestanden, dass ich ihr den Abszess ans Bein gebetet hatte. Solche Geständnisse waren für Katharina zutiefst plausibel. Sie hat auf ein großes Maß an Freiheit bestanden und war gleichzeitig allzeit bereit für radikale göttliche Eingriffe.

Ich glaube, Seine kleinen Winks im Alltag sind ihr manchmal entgangen, aber sie hat immer mit großen Wundern gerechnet.

Gebet

Sie war die Queen of «Stille Zeit». Absolute Chefin, wenn es darum ging, Minuten oder Stunden für das Gespräch mit Gott zu reservieren. Sie hat dann auch richtig geackert im Gebet und Hefte mit ihren Gedanken gefüllt. Wo Katharina war, waren immer auch Notizbücher. Sie hat Tagebücher geschrieben, Schwierigkeiten bearbeitet, Gebetsanliegen wie «To-do-Listen» geführt und abgehakt, fromme Lektüre verschlungen, mit Freunden gemeinsam gebetet, sich geistlichen Rat geholt, ihre Seelsorgerin kontaktiert und Gebetskreise gepflegt.

Das klingt jetzt vielleicht anstrengend, wie bei Leuten, die ständig mit größtem Bemühen ihre frommen Übungen vor sich hertragen und dabei so kräftezehrend wirken, dass man aus Versehen heimlich ein bisschen denkt: «Üb' du mal schön weiter.»

Katharina hat ihre Frömmigkeit aber nie präsentiert, und es lag ihr auch nicht daran, zu vermitteln, dass sie die Beste in Heiligkeit war. Zeit mit Gott war ihr genuines

Anliegen, sie wollte Gott hören. Ich glaube, dass sie da auch einen besonderen Zugang hatte. Sie hat Menschen angeschaut wie jemand, der weiß, dass diese aus Liebe erfunden wurden. Diese Haltung kriegt man durchs Beten, und man braucht sie fürs Beten.

Katharina hatte einen außergewöhnlich starken Glauben. Und eine tiefe Liebe. Die Hoffnung ist ihr in den Zeiten, in denen sie sich rumgequält hat, manchmal ein bisschen fremd geworden (immer nur im Blick auf sich selbst, nie, wenn sie auf die anderen geschaut hat). Das hat mir immer im Herz wehgetan.

Ich glaube, dass in Katharinas Engagement fürs Gebet ein großes Geheimnis liegt: Manchmal sehnen wir uns nach Gott oder sind traurig, dass er nicht mit uns spricht. Aber wir hören keine Sekunde lang zu, sind die ganze Zeit am Rennen und umgeben von Krach, der uns von unserem Inneren ablenkt. Das mag abgedroschen klingen, wie wenn jemand einem Leidenden sagt: «Die Zeit heilt alle Wunden.» Und das stimmt ja einerseits nicht immer, und andererseits ist «jetzt» halt jetzt, und nicht später. Aber – ganz ehrlich: Wie oft setzen wir uns zum Beispiel wirklich in eine Kirche und bleiben dort sitzen, bis Gott sich äußert? Bei mir hält sich die Hartnäckigkeit diesbezüglich stark in Grenzen.

Gott spricht dauernd zu uns, nur zieht er einen dabei normalerweise nicht brüllend am Handgelenk, sondern flüstert ins Ohr oder zeigt vorsichtig in eine Richtung.

Man kann üben, ihn zu verstehen. So wie man bei denjenigen, die einem vertraut sind, oft an einer einzigen winzigen Geste erkennen kann, ob sie gute oder schlechte Laune haben. Bei Fremden funktioniert das nicht.

Um Gott hören zu können, braucht es die Bereitschaft, ein bisschen Zeit zu investieren. Und dann Stille und den Mut, mit sich selbst allein zu sein. Katharina hatte die fettesten Stücke ihres Alltags genau dafür reserviert. Für sie war das klar: Beten ist essenziell. So wie du nicht auf die Idee kommen würdest, nur einmal in der Woche zu schlafen, zu essen oder aufs Klo zu gehen, kannst du auch nicht einmal in der Woche beten. – Jedenfalls nicht, wenn du daraus deine Kraft, Klarheit und Freude schöpfen willst. Wenn wir unsere physischen Grundbedürfnisse vernachlässigen, merken wir nur schneller, dass wir in Not geraten. Wahrscheinlich auch, weil sich der Körper engagierter bemerkbar macht als die Seele und es viel leichter geht, sich um ihn zu kümmern. Meistens macht das sogar richtig Spaß, während ums Beten immer wieder ein veritabler geistlicher Kampf besteht.

Manchmal kostet es mich alles auf der Welt, mich einfach nur hinzusetzen für ein kurzes Date mit dem Herrgott. Da sind meine Bequemlichkeit und Hingezogenheit zu Instagram und Netflix, und es gibt Kräfte in der unsichtbaren Welt, die verhindern wollen, dass diese zärtliche Beziehung gepflegt wird. Diesen geistlichen Kampf zu leugnen führt in der Regel vor allem dazu, dass man schlechter aufgestellt ist, wenn er sich bemerkbar macht.

Und das wird er.

Deshalb hilft auch beim Beten Routine. Dann muss man nicht warten, bis es sich gerade *richtig anfühlt* und unter Druck geraten, wenn es das nicht tut. Man betet einfach jeden Morgen und Abend. Oder mittags.

Katharina war überhaupt kein Routine-Typ. Eher war sie jemand, der sich auch mal schwergetan hat, sich lang im Vorhinein zu verabreden. Aber ihre Bet-Dates waren fix. Die standen wie schöne Säulen mitten in ihrem Alltag und waren für dessen Stabilität verantwortlich.

Übrigens war sie auch extrem streng, wenn es um eben jene geistlichen Kräfte ging, die an einem zerren. Katharina hatte schon immer, und gegen Ende ihres Lebens hat sich das enorm verschärft, einen Sensor für Dubioses. Sie hat zum Beispiel jede Esoterik mit größter Vehemenz abgelehnt.

Wenn ich noch einmal mit ihr sprechen könnte, würde ich sie fragen, wie sie das gemacht hat, im Beten so treu zu sein. Und ob es für sie manchmal auch ein Kampf war, oder ob sie da einfach eine klarere Perspektive hatte auf die Ordnung der Prioritäten.

Beten bewirkt genau das: Es klärt unser Leben. Ich glaube sogar, dass wir all das Schöne und das Schwere, das wir erleben, nur richtig mitkriegen, wenn wir's von Gott nehmen und ihm zurückgeben. Wenn wir's nicht von ihm empfangen und durch ihn leben, wenn wir auf die Stille und das Reflektieren verzichten, kann es passieren, dass unser eigenes Leben irgendwie unbemerkt an uns vorbeizieht. So kommt es mir jedenfalls vor. Ich kriege zu wenig mit von meinem Leben, wenn ich nicht bete, und ich merke das bei anderen auch, dass ihnen ihre größten Freuden nicht auffallen, weil sie sie nicht in der Stille verkosten und sich noch mal zu Gemüte führen.

Diese Theorie wäre auch eine Erklärung dafür, wie es die Katharina geschafft hat, so aus den Vollen zu leben. Sie hat gebetet, was das Zeug hielt. Und sie hat nicht nur mit Wundern gerechnet, sie hat sie auch erlebt.

Geheimnis

Man kann nur zu einem gewissen Grad das Package der anderen verstehen. Man kann mit den Trauernden weinen und sich mit den Glücklichen freuen, aber man kann nicht aus dem Leben eines anderen schlau werden. Das gehört zum Respekt vor dem Geheimnis, das jeder Mensch ist. Mein Job ist es, in *mein* Leben reinzuwachsen. *Meine* Lektionen zu lernen. Nur dafür habe ich das Equipment.

Es kann sehr wohl meine Mission sein, die anderen abzuholen, auszuhalten, zu versorgen und aufzubauen. Und ihnen vielleicht eine Richtung zu zeigen. Aber ihr Innerstes aufzudecken ist nicht meine Angelegenheit. Im Gegenteil, der Versuch ist ein Übergriff, ungut und meistens manipulativ.

Manchmal muss man es sogar aushalten, dass das eigene Leben sich einem nicht erschließt. Man sieht ja nur einen winzigen Ausschnitt, und es überschreitet bei Weitem unsere Kapazitäten, den zu jedem Zeitpunkt stimmig ins Gesamtbild einzuordnen.

Katharina war mir sehr vertraut und gleichzeitig ein großes Geheimnis. Sie hat viele Menschen ermutigt, berührt und mitgetragen, und sie ist ihnen mit großer Offenheit begegnet, aber sie hat nicht versucht, sie sich anzueignen. Sie hatte Respekt vor dem Geheimnis, vor der Unantastbarkeit jedes Lebens. Vor dem Raum tief in uns drinnen, in den kein anderer reinkann und auch niemand reingehört.

Wahrscheinlich braucht man gerade für echte und tiefe Nähe einen gut gewahrten Raum, in den man sich regelmäßig zurückzieht und von dem aus man auf die anderen zugehen kann. Katharina hatte ein Bewusstsein für diesen Bedarf und ihre eigene Kultur des Alleinseins entwickelt.

Ich glaube, wenn man sich Gott nähern will, geht es nicht ohne Offenheit fürs Geheimnis und Mysterium. Die Ehrfurcht vor der Allmacht und der Barmherzigkeit tut uns gut. Wir können vor Gottes Güte eigentlich nur knien. Da gibt's in echt gar nicht viel zu sagen. Sobald wir anfangen, ihn ganz erklärbar machen zu wollen, verzerren wir ihn, und die Nähe zum Ewigen geht verloren. Er kommt uns nicht näher, wenn er zu verständlich wird, der Herrgott, er kommt uns abhanden. Die Dreifaltigkeit, das Kreuzesopfer Christi, seine Menschwerdung, die Erlösung im Kleinen und Großen – das kannste nicht mal eben schnell definieren und damit handlich, verdaulich, lieblich machen.

Die katholische Kirche ist noch mal deutlich Mysterien-lastiger als die evangelische. Warum zum Beispiel in den aufregendsten barocken Prachtbauten etwas so Abgründiges wie Plastiktischdecken Platz finden, wird für mich immer ein großes Geheimnis bleiben. Ich stehe staunend und ratlos davor, wenn ich sehe, wie Altäre eingetuppert, also: regelrecht luftdicht in Plastik gehüllt werden. Mir fehlt die Ästhetik, und ich finde die Plastikelemente auch nicht besonders ehrfurchtsvoll. Das zeugt allerdings nur von meinem engen Horizont. Mutter Teresa zum Beispiel fand Plastik urgeil. Und auch Katharina hatte einen Sinn für originelle Kombinationen. Luxusprodukte neben Billo-Scheiß waren für sie kein Problem. Und so hat sie in Schuhen von Dior auf dem günstigsten Straßenmarkt Berlins Handtücher gekauft, auf die lila Polyesterherzen gestickt waren. Ich erinnere mich noch an meine Verwirrung, als ich mir das erste Mal damit in ihrem hippen Bad die Hände abtrocknete. Sie hat immer wieder überraschende Entscheidungen getroffen. Auch in dieser Hinsicht ist es ihr nie schwergefallen, den anderen ein Geheimnis zu bleiben.

Geschenke

Wenn Freunde mich besuchen, die eine Liebe zu schönen Sachen haben, und ihnen bestimmte Gegenstände in meiner Wohnung besonders auffallen, sind das nicht selten Dinge, die Katharina mir geschenkt hat. Sie war diesbezüglich ausgesprochen konsequent. Sie fand das Schöne wichtig. (Und alles, was gut gerochen hat, sowieso.) Also hat sie diesbezüglich nicht nur für sich selbst Geld in die Hand genommen, sondern auch für ihre Lieben.

Sie war kein reines Vorbild im Umgang mit dem eigenen Besitz, dafür war sie immer wieder zu beherzt unverantwortlich: Auf der Skala zwischen «iPhone im Regen auf der Terrasse liegenlassen» und «Täglich das Auto auf Kratzer untersuchen» hat sie sich eher im Spektrum derer bewegt, die einen neuen Staubsauger kaufen, weil der Beutel voll ist, als bei denen, die ihre Computertastaturen in kurzen Abständen und zum Werterhalt reinigen. Sie hätte für ein Designersofa wahrscheinlich gehungert, und sie hat auch mal aus Versehen eine Telefonrechnung von

1000 Euro produziert. Aber sie war großzügig – auch zu sich selbst, aber vor allem gegenüber anderen. Das hat sie auch mit ihrem Mann David verbunden. Einmal war ich mit den beiden in Berlin unterwegs, und wir haben ein zauberhaftes Handtäschchen gesehen von *Comme des Garçons:* die überflüssigste winzige Tasche, die man sich vorstellen kann. Sie war gestreift mit changierenden Farben, und ich war verzaubert. (Das Gefühl war das gleiche wie bei den Plastikponys, die ich von meinen Kindergartenfreundinnen zum 5. Geburtstag bekam. Die mit den Sternen auf dem Po und der passenden pinken Pferdebürste.) Ich hätte sie trotzdem nicht gekauft.

Katharina und David haben sich diskret abgesprochen und mich dann gefragt, was ich für so ein Teil ausgeben würde? Und dann ist ihnen eingefallen, dass der restliche Betrag das optimale Weihnachtsgeschenk für mich wäre!

Heute verwende ich das Täschlein nicht nur passioniert und vorsichtig, damit es ewig hält, es liegt in meiner Wohnung auch an einer Stelle, an der ich es im Vorbeigehen regelmäßig sehe. Ich glaube, dass einem diese eigentlich nicht lebenswichtigen Dinge immer wieder Freude bereiten können, also: schöne Farben und Glitziglitzi, Porzellan und Hightech, Wolle, die nicht kratzt, frischer Kaffee mit dem Optimum an Milchschaum oder appetitliche Schreibwaren. Wenn man sie anfasst und mit ihnen arbeitet, an ihnen riecht – und vor allem auch, wenn man sie verschenkt.

Katharina wusste das.

Und ich will üben, ohne Agenda großzügig zu sein, am besten sogar, ohne es zu merken. Die meisten Dinge in meinem Leben, die ich sehr gern habe – seien es die Kräuter auf meiner Fensterbank, meine Familie, mein Glauben, die Kiste Rotwein im Flur oder meine neuen Ohrringe –, wurden mir geschenkt. Verdient habe ich nichts davon so richtig. Mich macht das froh, darüber nachzudenken.

Wenn ich hingegen manchmal aus Versehen damit beginne, alles aufzurechnen, wer wann was gekriegt und verdient hat oder was mir noch zusteht, deprimiert mich das unendlich. Also werde ich mich mehr an dem ganzen *unverdienten* Business beteiligen. Das ist gesünder, und ich weiß, dass es die Katharina freut.

Glauben

Die Autobiografie von C.S. Lewis trägt den Titel *Überrascht von Freude*. Ich weiß genau, was er meint. Ich kenne diese Erfahrung, dass der Glauben einen überrascht – eben vor allem wegen der Freude, die er mitbringt. Weil man vorher denkt, das könnte saumühsam werden – so ein unsichtbarer Freund, der sich in alles einmischt.

Ich habe mich gefragt, warum Glaube eigentlich so schön ist. Ich denke, es liegt vor allem daran, dass er einem – in solchen Momenten, in denen er einem ganz bewusst ist – das Gegenteil von diesem Sonntag-Nachmittag-Gefühl beschert.

Sonntag-Nachmittag-Blues ist eine brutale Angelegenheit. Und ein uraltes Problem: Schon die frühchristlichen Wüstenväter kannten diese depressiven Gefühle und nannten sie «Acedia». Es kann jeden treffen. Die Glaubenden vielleicht manchmal noch härter, weil da der geistliche Kampf akuter ist.

Aber dann berührt dich Gott, und in dem Augenblick wird dir klar, dass die Liebe die Chefin des Universums ist. Und dann steigt aus einem Moment, in dem du dir nichts Anderes mehr vorstellen kannst, als traurig unter dem Bett liegend Bier zu trinken, eine erst zarte und dann ganz wilde Freude und Leichtigkeit auf.

Dann fürchtest du dich nicht mehr länger, sondern du krakeelst: «Koste es, was es wolle – I am in! Und ich will auch, dass andere unter ihrem Bett hervorkommen und sehen, was kein Auge gesehen hat, und hören, was kein Ohr gehört hat.» Dann haut dich die Gewissheit der Hoffnung um, und die Wahrheit der Schönheit packt dich, dass du es kaum aushältst.

Solche Erkenntnisse zu teilen war ein wichtiger Bestandteil von Katharina und meiner Freundschaft. Wir kannten beide dieses Überwältigtsein von Hoffnung. Wir haben so gern zusammen gesungen und immer ehrlicher Seite an Seite gebetet. Wir haben uns auch mal über Nagellack unterhalten (sie hat selten welchen getragen, weil sie nicht wollte, dass ihre Mode-Kunden sie mit abgeblättertem Lack erwischten) oder gemeinsam gepöbelt, aber vor allem haben wir zusammen geglaubt und uns an den großen Fragen abgearbeitet. Uns gegenseitig entscheidende Hinweise gegeben und das Schöne und die Güte und die Wahrheit gemeinsam entdeckt und genossen und durchgearbeitet.

Unsere Freundschaft begann in einer evangelischen Freikirche in Berlin. Ich war damals ganz neu, verloren in dieser wenig heimeligen Stadt, hasste mein Studium und wandte mich – sehr, sehr vorsichtig – dem Glauben zu. In der Zeit hat mich eine von Katharinas aufregendsten Freundinnen in den Gottesdienst dieser Freikirche eingeladen. Katharina war dort ein Star. Schlau, appetitlich, kritisch, unverfroren, fromm und vor allem Ansprechpartnerin für alle Fragen von Schönheit und Design. – Sie war mir sofort unsympathisch.

Irgendwann – wir waren gerade auf einem Wochenende für die Mitglieder der Gemeinde, die mehr Verantwortung übernehmen sollten – haben wir durch Zufall festgestellt, dass am anderen Ende der Welt gerade Katharinas Schwester mit meinen Eltern gemeinsam Geburtstag feierte: Mein Vater und meine Mutter waren genau zu dem Zeitpunkt als Chirurg und Krankenschwester in dem Missions-Spital in den Anden, in dem auch Katharinas Schwester Dorothee mit ihrem Mann arbeitete.

Nachdem wir mit dem gesamten Geburtstagskuchen essenden deutschen Medizin-Personal in Peru telefoniert hatten und uns aufgegangen war, dass wir eine Skepsis teilten gegenüber zu viel aufgesetzter Artigkeit und Frömmigkeit in Räumen, die man nur mit Hausschuhen betreten durfte, wurde das Band zwischen uns schnell enger.

Wir haben dann als Team immer wieder festgestellt: Selbst wenn's Nacht wird, kann man sich gegenseitig erinnern, dass das Wertvollste oft im Dunkeln entsteht, Geburten weh tun und alles Heil der Welt vom Kreuz stammt, nicht aus dem Schlaraffenland.

Wir haben gemeinsam erfahren, dass unser *Gefühl von Hoffnung* die echte Hoffnung nicht beeinträchtigen konnte. Dass diese viel objektiver war – von Gott begründet und von Jesus gewirkt –, und zwar sehr unabhängig davon, ob's bei uns gerade kribbelte im Bauch oder sich unsere Füße einbetoniert anfühlten.

Ich erinnere mich genau, wie ich als Erwachsene das erste Mal wieder gebetet habe. Ich war damals so wütend. Auf Gott, auf die Welt, auf mich. Ich fand alles zutiefst misslungen und hoffnungsbefreit. Gott, die Welt und mich. Ich war überwältigt von dem Eindruck der Schlechtigkeit von allem, fühlte mich zutiefst verlassen und Perspektiven-los.

Und dann habe ich das Gott erzählt.

Nicht mit frommen Worten und Vaterunsers. Ich bin durch den Treptower Park gerannt und habe ihm voller Zorn meinen Frust und meine Vorwürfe hingerotzt.

Und auf einmal waren da Klarheit und Freude.

Die äußeren Umstände blieben identisch, doch ich war glücklich. Ich wusste von einer Sekunde auf die andere: Die einzige Wahrheit ist die Hoffnung. Kurz darauf bin ich wieder regelmäßig in die Kirche gegangen, habe einen spannenden Job im Bundestag gefunden und eben Katharina kennengelernt. Etwa zeitgleich mit dem Glauben sind mir ganz unverdient noch ein paar andere fette Geschenke in den Schoß gefallen.

Glück

Wir sind gemacht für das Glück. Glücklichsein ist kein bescheuerter Wunsch, sondern das Verlangen, da zu sein, wo man hingehört. Trotzdem, oder gerade deshalb, ist es kein Selbstläufer.

Katharina und ich haben ein paar Wege zu besonderem Glück und Unglück gemeinsam durchexerziert. Der Klassiker ist natürlich der Fokus. Konzentrier ich mich auf das Fehlende oder die Fülle in meinem Leben? Wir leben alle in Fülle, und wir merken alle gleichzeitig, wo's fehlt. Wo wir hinschauen, ist unsere Entscheidung. Katharina und ich haben uns immer gegenseitig ermahnt, in Richtung Fülle zu schauen. Da waren wir auch streng zueinander. Es gibt nichts Deprimierenderes als Freunde, die dich dauernd bemitleiden.

Ein ebenfalls sicherer Weg, unglücklich zu sein, ist, sich *nicht* im aktuellen Moment aufzuhalten. Ganz oft wird das bei Gesprächen über unsere Berufe und Job-Situationen deutlich. Panisch planen wir unsere Karrieren und vergessen dabei unser Jetzt – die Menschen, die uns gegenübersitzen. Wir halten unsere Liebesbeziehungen, unsere Freundschaften, Ehen, Kinder für selbstverständlich, weil sie da sind, und sorgen uns lieber um unsere Zukunftsplanung. Dabei sind es die Lovestorys direkt vor unserer Nase, die Priorität verdienen, in die man mit dem rentabelsten ROI (Return on Investment) reinbuttern kann.

Apropos «reinbuttern»: Mir gefällt folgender Gedanke, den ich einmal irgendwo gelesen habe:

> *Very often there is nothing you can do about your own pain, but there is almost always something you can do about the pain of others.*

Oft kann ich nichts gegen mein eigenes Unglück tun, aber ich kann fast immer etwas für die Menschen um mich herum tun. Und mich gegen den Schmerz der anderen einzusetzen, lässt auch den meinen nicht unberührt. Da verändert sich was. Wenn man Hoffnung weitergibt, schleicht sie sich auch bei einem selbst ein. Sie ist ansteckend. Wenn ich allerdings zu Hause bleibe und darüber nachdenke, was mir fehlt, und mich immer verzweifelter auf die Suche nach meiner Befriedigung und meinem Glück mache, dann entgeht mir die Chance, zu erleben, wie Gott mich gebrauchen will, um diesen Planeten und seine Bewohner gesundzulieben.

Wenn jeder sich nur noch Gedanken macht über seine

aktuell unerfüllten Wünsche – wer kocht dann für die mit den gebrochenen Herzen? Wer streichelt die Alten? Wer übernimmt, wenigstens kurz, die Kinder der Eltern ohne Pausen, und wer hört denen zu, die verzweifeln? Und – genauso tragisch: Wer erlebt dann die Erfüllung, die das Kochen, Streicheln, Zuhören und Kinderübernehmen bringt? Ganz heil werden wir nur, wenn wir uns verschenken.

Katharina war auch diesbezüglich ein Vorbild an Großzügigkeit. Sie hat so oft meine Seele gestreichelt oder mich gemeinsam mit David zum Essen eingeladen. Einmal sind wir von Luxemburg nur zum Abendessen nach Frankreich gefahren. Ich war so glücklich. Über den Wein und das Rinder-Filet und die Crème brûlée – und all das in der Gesellschaft von Katharina, David und der winzigen Salome. Die war damals nagelneu, Katharina tiefenentspannt und David der klassische frischgebackene Vater. Wir haben regelmäßig unser Gespräch unterbrochen, um festzustellen, dass Salome wirklich das süßeste Kind von ganz Luxemburg (und Frankreich und Deutschland) war.

Und manchmal haben wir es überhaupt nicht hinbekommen, das Glücklichsein. Ich erinnere mich immer wieder an eine Situation, in der ich mit Katharina telefonierte. Ich weiß noch, dass ich in Wien durch den Stadtpark gegangen bin. Ich war schlecht drauf – hatte Zukunftsängste, fand mich arm, wurde von irgendjemandem nicht geschätzt, irgend so etwas. Jedenfalls hatte ich sie aus dem alleinigen Grund angerufen, dass sie mich aufbauen müsste. Aber das ging nicht. Denn sie war genauso deprimiert wie ich und wollte mir von *ihrem* Elend erzählen. Am Ende waren wir beide geknickt. Und ich wahrscheinlich genervt.

Es ist eine große Gnade, wenn wir einander wirklich verstehen. Doch das funktioniert selbst mit unseren Liebsten nicht immer. Eigentlich ist das logisch, denn jeder Mensch ist so eine aufregende eigene Welt – natürlich finden zwei unterschiedliche Planeten nicht immer und augenblicklich Zugang zueinander. Das ist wahrscheinlich auch ein ernstzunehmendes Geheimnis des Glücks: Dass man anfängt, die Momente, in denen das klappt – was ja doch erstaunlich oft passiert –, mehr zu schätzen. Ich glaube, das ist auch einer der Gründe, warum Beten so helfen kann: Da schnallen wir im Danken erst richtig, dass es diese Momente, in denen es geklappt hat, gegeben hat. Und manchmal kapieren wir im Gebet auch, warum es in anderen Situationen nicht funktioniert hat – und damit sind wir besser aufs Glücklichsein vorbereitet.

Himmel (Die andere Abteilung)

Ich hatte nie besonderes Interesse am Himmel. Er hat sich immer angefühlt wie etwas, das erstens weit weg ist und zweitens gar nicht so irre spannend klingt.

Das mit der Spannung hat sich geändert, als mir vernünftig erklärt wurde, was Ewigkeit bedeutet – nämlich nicht saulang auf den Bus warten, ohne dass man sich darüber ärgern darf, dass er so unpünktlich ist, sondern Glücksmomente mit den Liebsten, die nicht mit dem Abschiednehmenmüssen enden.

Mit dem Tod meines Großvaters und dem Tod von Katharina letztes Jahr hat sich auch das mit der Entfernung geändert. Der Himmel ist nähergekommen, hat an Realität gewonnen und ist zum greifbaren Ort der Sehnsucht geworden. Inzwischen freu ich mich auf die Gang dort.

Ich glaube, es ist für Katholiken manchmal leichter, die Nähe zum Himmel zu spüren. Nicht zu Gott, sondern zum Rest der Himmelsbevölkerung: Wir Katholischen treten ja ständig an unsere Mitarbeiter im Himmel heran (wir nennen das «Anrufen der Heiligen»).

Ich persönlich finde es total geil, dass ich den ganzen Himmel einspannen kann, dass Gott uns seine Mitbewohner zum Beten zur Verfügung stellt. Diese Connection zwischen den Abteilungen der Kirche kommt mir total plausibel vor. Wir hier brauchen so fitte Beter, wie sie es dort sind. Katharina ist die einzige Evangelische, die ich kenne, die das auch so gesehen hat. Vielleicht habe ich auch deshalb so wenig Skrupel, jetzt gelegentlich um ihren Support zu bitten. Unsere Verbindung als Gebetsfreundinnen war immer eine, die wie über der Zeit steht. Wir haben uns ja ständig zusammen an den Herrgott gewandt. Ich habe entschieden, dass das auch weiterhin so laufen kann.

Das ist einer der Punkte, wo Atheisten schnell schummrig wird: diese Nachwelt-Fixierung! Ich verstehe das auch. Es wirkt wie ein Vertrösten, ein verrückter Traum, um sich der harten Realität zu entziehen. Aber es hilft uns auch nicht (oder ist intellektuell schlüssiger), wenn wir den lieben Gott und mit ihm Himmel und Hölle für abgeschafft erklären. Es ist ja nicht so, dass jemand erforscht und überprüft hätte, was nach dem Sterben kommt, nämlich nichts – und die gläubigen Menschen wollen einfach nicht hinhören.

Besteht nicht eher die Gefahr, dass es uns die Würde nimmt, wenn es nur noch *diese* Welt gibt? Dann müssen wir hier möglichst viel rausholen, und wenn das nicht klappt, haben wir ultimativ verloren. Und es ist dann auch egal, ob du Hitler bist oder die jüdischen Kinder, die er getötet hat – irgendwann ist alles gleich. Alle sind einfach tot.

Für echte Gerechtigkeit und begründete Hoffnung braucht es mehr als nur das hier Präsente, das jetzt Sichtbare. (Der Gedanke ist geklaut, fürchte ich. Aus «Spe Salvi»[1]. Da ist er auch ordentlich formuliert und durchdacht.) Ich verstehe, dass man keinen Bock hat auf eine höhere Macht, aber dass die Ablehnung von Religion lauter freie Menschen hervorbringt, ist doch eine kühne Illusion. Nicht zuletzt, weil die gemeinsame Ehrfurcht vor dem Göttlichen die unterschiedlichsten Menschen in einander zugewandter Einheit in die Knie zu zwingen vermag und dazu bringen kann, gemeinsam für das Gute aufzustehen.

Ich träume davon, Bösewichte wie Saruman oder Senator Palpatine zu bezwingen, weil wir Menschen tatsächlich dafür gemacht sind – für diesen Kampf gegen das sich ausbreitende Unheil. Jeder von uns ist Hauptdarsteller in seinem eigenen Superhelden-Epos. Keine einzelne unserer Figuren wurde als Nebenrolle geschaffen. Wir sind die leidenden, streitenden und triumphierenden

[1] Spe Salvi (lat. «Auf Hoffnung hin [sind wir] gerettet») ist ein Rundschreiben von Papst Benedikt XVI., in dem er sich mit dem Begriff Hoffnung auseinandersetzt. Online nachlesbar unter: https://www.vatican.va/content/benedict-xvi/de/encyclicals/documents/hf_ben-xvi_enc_20071130_spe-salvi.html (Zugriff: 13.05.2022).

Stars unserer Lebensgeschichte. Nur kämpfen wir nicht mit Pfeil und Bogen oder Laserschwert, was natürlich viel cooler aussähe, sondern wir kämpfen (mit Gottes Waffenrüstung) darum, zu lieben, auch wenn Selbstsucht gerade verlockender ist. Wenn wir der widerstehen, dann kann man uns immer wieder und immer mehr hier auf Erden schon den Himmel ansehen.

Katharinas Combat war immer sehr greifbar. Sie hatte – und das hat, seit wir uns kannten, immer mehr zugenommen – auf dem Schirm, dass das Leben auch ein Kampf ist. Es war kein Zufall, dass ihr Ausdruck für unser gemeinsames Beten aus der Welt des Boxens kam. Sie hat uns «Sparringpartner» genannt. Ich wünschte, man könnte auch von den Sparringpartnern im Himmel noch Nachrichten aufs Handy bekommen.

In ihren letzten Nachrichten an mich, die ich gelegentlich anschaue, hat Katharina sich abwechselnd ausgelassen über Männer, die keine Entscheidungen treffen wollen (was sehr ungewöhnlich war, ich erinnere mich an keine einzige Situation, in der wir schlecht über Männer gesprochen hätten – wir waren beide immer pro Männer und selbst saugern Frauen), oder sie hat prognostiziert: «Die Katholiken werden Amerika retten.» Außerdem hat sie mich mit einer Pariser Freundin in Verbindung gebracht, von deren Verwandten (also Mann, Kind, Eltern, Geschwister) geschwärmt und mir, wie schon erzählt, nach meiner Nordirland-Wallfahrt sehr verrückte Liebeserklärungen gemacht.

Ich freu mich schon, eines Tages herauszufinden, was sie in der Zwischenzeit produziert hat, die unverfrorene, kreative und gütige Katharina. Ich werde die Zeit bis zu unserem Wiedersehen nutzen, um unserem gemeinsamen Ziel näherzukommen: lieben lernen. Vielleicht sogar noch mehr als das – nämlich selbst Liebe zu werden. Diese Sehnsucht hat uns eng verbunden. Dieses Bedürfnis zu lieben, obwohl wir natürlich wussten, dass wir selbst und allein nicht mal genug Herz für die eigenen Liebsten hatten. Das war so eine «Ja, mit Gottes Hilfe»-Geschichte, dieser große Plan, Menschen anzunehmen, und zwar nicht zielgruppenspezifisch, sondern in alle Richtungen, egal ob es sich um Berliner DJs, katholische Priester, Obdachlose, vornehme alte Damen, verwöhnte Teenager oder einsame Nachbarn gehandelt hat. Ich denke, das ist der Himmel, der Ort, wo man das dann wirklich kann. Liebe verkörpern. In Katharinas letzten Monaten, auf ihrem Weg in Richtung Himmel, hat man immer wieder gemerkt, wie sie sich ihrem neuen Zuhause entgegengestreckt hat.

Hingabe

Ein Feature, das ich liebe an der Kirche, ist die Tatsache, dass es überproportional viele Leute gibt, die bereit sind, sich den Arsch aufzureißen: Wenn ich einem Jura-Studenten zusehe, wie er in seiner Freizeit hingebungsvoll Pubertierenden ihre große Berufung vermittelt und sich die Nächte um die Ohren schlägt, damit sich keiner von ihnen heimlich totsäuft, kann ich nicht anders, als mich wahnsinnig zu freuen für die Welt. Ich bin dann fast überwältigt von Hoffnung und der Gewissheit, dass alles gut ist und wird.

Unser Einsatz ist wichtig.

Wir brauchen ein ausgeprägteres Bewusstsein dafür, dass Gott uns gebrauchen will. Er bevollmächtigt uns auch. Solange wir uns, in großer Verbundenheit mit ihm, in Ehrfurcht und Treue einsetzen, sind wir im Stande, Gewaltiges beizutragen.

Katharina hatte das immer parat, dieses Wissen, dass es einen Auftrag gibt. Für sie und für die anderen. Teil ihres Auftrages war es, den anderen deren Auftrag zu zeigen. Katharinas Familie ist mit großer Selbstverständlichkeit engagiert, und sie hat das so übernommen. Sie hat sich nie hinter ihrem vollen Kalender versteckt, wenn es etwas zu tun gab. Und sie konnte die unspektakulärsten Tätigkeiten aufregend gestalten. (Ehrlicherweise wahrscheinlich auch, weil sie so eine Chaotin war. Ich habe ihr einmal bei einem Umzug geholfen. Das waren die aufregendsten Stunden, die ich in Berlin je erlebt habe.) Sich mit ihr gemeinsam für andere, die Kirche, die Armen einzusetzen war wundervoll. Das hat Katharina und mich, und dann – besonders ausgeprägt – auch Katharina und David verbunden, dass wir zu Hause gelernt hatten, dass es selbstverständlich ist, Zeit und Geld zu verschenken. Es gab diesbezüglich immer eine große Freude über unsere Elternhäuser, die wir geteilt haben.

Was bedeutet Hingabe? Wir Christen verlieren das gelegentlich aus den Augen. Wir identifizieren uns nicht als Teil der Gesellschaft, weil wir die dramatischen Baustellen sehen und uns davon absondern wollen. Wir denken, wir leben radikal christlich, weil wir es geschafft haben, unserem Umfeld zu sagen, dass wir Sex heilig finden oder dass wir Menschen eher zumuten würden zu leiden, als sie in einen schnellen Tod zu schicken. Manchmal fangen wir vor lauter Wachsamkeit gegenüber dem Mainstream an, jede noch so irrelevante Entwicklung panisch als ein weiteres Indiz für den Untergang des Abendlandes hinauszuposaunen. Und wenn uns jemand dafür kritisiert, fühlen wir uns unterdrückt.

Manche Christen reden inmitten von großer Freiheit und enormem Wohlstand erstaunlich viel von ihrer eigenen Unterdrückung. Ich glaube, insgeheim sind wir dabei irgendwie ganz froh über uns selbst, weil wir damit doch ein klares Zeichen Richtung Non-Mainstream gesetzt haben und uns im sicheren Bereich des guten Christseins bewegen. Aber ist es wirklich unsere große Berufung, auf WhatsApp anderen frommen Leuten möglichst viele Gebetsaufrufe zu schicken, steile Zitate auf Facebook zu posten oder genug Traktate zu verteilen, um damit ein Fußballfeld zu pflastern? Wenn wir dabei vor lauter frommem Engagement aus Versehen vergessen, den Menschen in unserer Nähe – auch denen, die alles anders sehen als wir – mit Taktgefühl zu begegnen, bewegen wir uns in eine falsche Richtung und unterschätzen den großen missionarischen Mehrwert von Empathie.

Wir sind gelegentlich höflich traurig über unseren verdorbenen Planeten, während wir uns erinnern, dass wir ja nicht von der Welt sind und somit selbst safe in diesem ganzen Schlamassel. In echt gibt es aber für diejenigen, die Hingabe praktizieren wollen, keinen «sicheren Bereich». Wir müssen uns verletzlich machen, wenn wir etwas hergeben wollen. Wir müssen das Risiko eingehen, nichts mehr zu haben als Jesus. Keine moralische Überlegenheit, keine Antworten, keine Souveränität. Die Menschen werden nicht von der Liebe berührt, wenn wir uns in sicherem Abstand bewegen.

Berührung braucht Berührung.

Jeremia trug den Israeliten in der Verbannung auf, für das Wohl der Stadt zu sorgen. Die Stadt war Babylon. Der Inbegriff für alles Sündhafte, Kaputte. Und nicht nur für die damaligen ethischen Maßstäbe. Das babylonische System war abartig. Die Babylonier opferten ihren Göttern Kinder. Und was sagt Jeremia – zu jener Zeit der einzige Prophet, der es sich angetan hat, nicht nur das zu verkünden, was den relevanten Playern angenehm war? «Baut Gärten, kriegt Kinder und sorgt für das Wohl der Stadt.» Ich glaube, das ist das, was Jesus später gemeint hat, als er uns aufgetragen hat, Sauerteig zu sein. Den kann man auch nicht vom Mehl getrennt lassen und erwarten, dass das fertige Brot sich schon findet. Das Gute muss alles durchdringen. Das geht aber nicht, wenn diejenigen, die das Himmelreich ersehnen, den anderen aus sicherem Abstand zurufen: «Hallo, wir sind so fromm, wahnsinnig anständige Menschen, und ihr habt alle ein Problem. Kommt rüber zu uns, aber erwartet nicht, dass wir uns an eurem Schutt die Hände schmutzig machen.»

Wenn unsere größte Befriedigung ist, dass wir uns an die Regeln gehalten haben, können wir die Kirche zumachen. Bei den Katholiken passiert das manchmal, dass alle aufpassen, ob es liturgisch mit rechten Dingen zugeht, aber dann keiner mehr übrig ist, um die willkommen zu heißen, die an der Tür stehen und nicht so richtig raffen, was gerade passiert, und sich deshalb nicht reintrauen. – Ich liebe Liturgie! Ich liebe es, «Herr, ich bin nicht würdig» oder «Domine non sum dignus» zu sagen, ich liebe Ministranten und Weihrauchgewedel und wenn der Priester und ich gemeinsam Richtung Altar schauen. Aber ich will auch da sein, wenn jemand hinten in die Kirche reinkommt und sich verwirrt umsieht und vielleicht bei der Messe stört und ein bisschen stinkt. Der ist nämlich gerade endlich im Haus seines Vaters gelandet, und wie soll er das raffen, wenn seine Geschwister ihm vermitteln, dass er eine Belastung ihrer Frömmigkeit darstellt? Es fällt mir nicht leicht, aber ich will irgendwie üben, den da hinten abzuholen. Und gleichzeitig während des Betens nicht dauernd auf den Hintereingang starren.

Wahrscheinlich hat es nie dreckigere Hände gegeben als die von Jesus am Kreuz. Nachdem er mehrmals in den Staub gefallen ist. Gefoltert wurde. Die elenden Balken immer wieder aus dem Schmutz gezogen hat.

Und wir denken, wir sind Top-Christen, weil unsere Fingernägel frisch geschnitten und sauber sind. Ich merke das – bei mir selbst und in meinem Umfeld. Wir halten unsere Hände zu sauber.

Katharina hatte sehr schöne Hände und war allzeit bereit, sie kolossal zu verdrecken. Sie hat es geschafft, Menschen nicht nach diesen ordentlichen Kriterien vorzusortieren, um die Gefahr zu umgehen, eine Verwundung davonzutragen – wie zum Beispiel die Verwundung von Jesu Ruf, als er mit lauter Huren und Zöllnern zusammensaß. Jesus vermittelt bei diesen Begebenheiten kein Bild von Großzügigkeit gegenüber Schmuddelkram, sondern er zeigt seinen Leuten, und damit auch uns, dass es Teil der Mission ist, die eigenste heilige Zeit – in dem Fall: die Mahlzeiten – mit den damals nach allen Kriterien schwersten Sündern zu verbringen.

Er sagt nicht: «Spendet auch mal für Obdachlose, dann seid ihr fein raus.» Er verlangt einen völlig anderen Lebensstil von uns, als der Rest der Welt ihn lebt. Da braucht man viel Vertrauen und Nähe zu ihm, weil es da nicht die gewohnten Garantien gibt. Das erfordert viel *cor ad cor* mit dem Herrgott.

Katharina hatte das einfach drauf. Sie hat sich auch ins ungesicherte Terrain mittenrein getraut und dadurch viele Menschen tief berührt. Ich glaube, das war ihre größte Gabe. Ihr umwerfendstes Geschenk an die Welt – noch vor ihren Ermutigungs-Bombardements – war ihre Hingabe für die Menschen und in dieser Hingabe ein bewundernswert blauäugiges Gottvertrauen.

Hirn

Christen haben gern mal einen intellektuellen Minderwertigkeitskomplex. Ich könnte mir vorstellen, dass es zum Beispiel mit Darwin zu tun hat. Da ist etwas gekippt. Bis dahin war meistens klar, dass die größten Hirne und die frömmsten Seelen regelmäßig in ein und derselben Person aufeinandertrafen. Bei Thomas von Aquin und Konsorten war allen bewusst, wo sich der Intellekt kumuliert.

Und dann musste man plötzlich anhand der Schöpfungsgeschichte ausrechnen können, wie alt die Welt genau ist, und – Surprise!, Surprise! – auf einmal hieß es: «Denken oder glauben!»

Dabei ist der Konflikt Wissenschaft vs. Theologie völlig unnötig. Die Schöpfungserzählung dient genauso wenig als wissenschaftliche Studie, wie man mit den Methoden der Physik den Atheismus oder die Dreifaltigkeit beweisen kann. Wenn der Glaube sich nicht anmaßt, die Naturwissenschaften auszuhebeln, und diese sich wiederum nicht vergreifen an der unantastbaren Würde des Menschen, muss es überhaupt keinen Zwist zwischen den beiden geben. Wenn jeder seinen Job macht, ergänzen sie sich grandios. Denn der Glaube kann das Denken befreien und animieren, und die Erkenntnisse der Wissenschaft eröffnen zum Beispiel in größerer Weite und Tiefe, wie wunderbar die Schöpfung wirklich ist.

Ich habe Katharinas intellektuelles Selbstbewusstsein immer gemocht. Es hat mich ermutigt. Es sind nämlich nicht nur die Atheisten, die den Verdacht hegen, dass Christen weniger ordentlich denken als sie, dass einem soliden Glauben also ein solides Hirn eher im Weg steht – oft fürchten das im Geheimen auch die Christen.

Ich musste auch erst in mein eigenes Christsein hineinwachsen und lernen zu unterscheiden, dass man im Fall des Erlösers der Welt an seine wunderbare Jungfrauengeburt glauben kann, ohne das Wissen über Bord zu werfen, dass im Normalfall die Kinder durch Sex entstehen.

Katharina hat ihre Gesprächspartner immer animiert, forscher zu denken und zu glauben. Ich fand diesen Zugang total anziehend. Obwohl sie dann auch manchmal unterwegs den Ausflug abgebrochen hat, weil ihr zu viel Konsequenz irgendwann langweilig oder mühsam wurde.

Das hat mich später besonders gereizt an der katholischen Theologie, dass die konsequent ist bis zum Ende, auch wenn es da meist schon wehtut. Das ist brutal und manchmal ein Schlachtfeld, aber es ist für den Kopf und die Seele eine fundamental befriedigende Lösung.

Insta-Spiritualität & Orthodoxie

Die Zahl der Fans von Pseudo-Spiritualität im Instagram-Style geht zurzeit durch die Decke. Die Richtung ist grob immer: «Du bist urtoll, total lieb und hast nie was falsch gemacht, aber deine Eltern, Lehrer und Politiker haben dich verletzt, und deshalb befrei dich, indem du egoistischer wirst.» Innerhalb des so eingezäunten Bereichs werden dann verschiedene Akzente gesetzt. Manchmal ist der Beratene dabei ein bisschen ärmer, manchmal eher hipper. Aber die Ratschläge passen immer auf oder unter einen Instagram-Post, und man muss sich bei allen Varianten im Angebot nicht dauernd um die anderen sorgen, sondern eher mehr auf sich schauen und das im Zweifelsfall auch von den anderen verlangen dürfen (also, dass sie ebenfalls auf mich schauen).

Eine leicht verdauliche Art von Ego-Simplizismus biedert sich als neue Weltreligion an.

Katharina hingegen hatte Bock auf das Kompliziertere, die echte Tiefe, die man aushalten muss, die Widersprüche des Lebens und der Menschen, die große Hürde des Leids, die Herausforderung, nicht in der Selbstsucht zu versumpfen und auf den gigantischen Anspruch des allmächtigen Gottes, der dich von Ewigkeit her liebt.

Sie hat auch nie versucht, ihre (außergewöhnlichen) Werbeagentur-Skills in die Kirche reinzuvergewaltigen. Klingt normal. Ist es aber nicht. Weil sich die Instagram-Spiritualität auch in ursprünglich genuin christliche Räume reingeschlichen hat. Das orthodoxe Christentum (im Sinne von rechtgläubig – also, die konfessionsunabhängigen christlichen Klassiker wie: «Jesus ist gestorben, auferstanden, hat uns erlöst, und das hat Implikationen für unser Leben hier und jetzt») hat zurzeit schon Spielraum nach oben, was die Beliebtheit betrifft. Da ist es verlockend, wenigstens ein bissel zu schrauben, sodass es leichter verdaulich wird. Das ist aber nicht der schöne Anfang der wahren Mission, sondern das sichere Ende von Glaube, Hoffnung und Liebe.

Katharina hat das nie gemacht, obwohl sie wirklich sowohl die Fähigkeiten als auch die Mittel dazu hatte, den Glauben nach den Gesetzen des Marketings zu verappetitlichen. Sie hat das Mysterium, die Sperrigkeit und die Zumutung der Kirche nicht nur aus-, sondern auch hochgehalten, und wenn es Bedarf gab, damit gerungen und dafür gekämpft.

Lieblingskinder

Wenn bei uns tüchtigen Christen das (glücklicherweise vorhandene) Bewusstsein eskaliert, dass man auch mal ein Opfer bringen kann und was Schweres aushalten muss, verfallen wir gern in eine Rhetorik der Kreuz-Umarmerei. Dann besteht die Welt plötzlich nur noch aus Kreuzen, die wir tragen müssen. Ich glaube, das hat zwei Ursachen:

Erstens haben wir ein latent schlechtes Gewissen, weil wir denken, es kann nicht sein, dass es uns so gut geht und andere es so schwer haben. Um das zu umgehen, wird einfach an jeder Wegkreuzung die Last des Abbiegens betont. Und schon merkt man: Eigentlich ist alles schwer, schwer, schwer.

Zweitens existiert in uns noch eine Skepsis gegenüber zu großer Freude. Zu leicht darf's ja auch nicht gehen. Das wäre verdächtig. Wir können uns einfach nicht vorstellen, dass Gott wirklich unendlich großzügig ist, und wir wissen: Irgendwie muss es doch alles ein Kampf bleiben hier auf der Erde. Also gehen wir lieber mal gleich davon aus: So toll ist es alles nicht ... au contraire! Es ist ein Kreuz. *Aber das soll es ja auch sein!,* flüstert dann der gute Christ in uns, denn Jesus hat uns ja Verfolgung prognostiziert, und manchmal haben wir es dafür einfach verdächtig leicht. Und gleichzeitig gibt es ja auch die Zeiten, in denen das Leben dann wirklich so hart ist, dass wir uns nicht vorstellen können, dass Gott uns wirklich gern hat.

In echt sind wir viel geliebter, als wir uns jemals vorstellen können, und es werden trotzdem Kreuze auftauchen und auch Leid – manchmal kaum erträgliches. Wir sind gemacht für ein Leben in Fülle. Das heißt nicht: für ein einfaches Leben. Das Gute ist, wir müssen nicht jedes Loch im Zahn zu einer großen Leidensgeschichte erhöhen und uns selbst auch nicht zur tragischen Figur degradieren, weil wir gerade kämpfen, schon viel ertragen mussten oder es anders gelaufen ist, als wir uns gewünscht hätten. Niemand ist nur eine tragische Figur. Dieser Blick reduziert einen Menschen ungebührlich. Und ebenso Gottes Schöpfungsakt. Er hat sich keine tragischen Figuren ausgedacht. Wir sind nicht im Theater.

Die ganze Welt ist nur durch das Kreuz gerettet worden. Und sie ist gerettet worden, weil Gott uns so liebt. Jeder Einzelne von uns ist sein Lieblingskind. Das gehört zum innersten Kern des christlichen Glaubens: Freude in Fülle und ein Friede, der höher ist als jede Vernunft.

Das heißt nicht, dass es immer läuft. Aber es heißt, dass wir Großes erwarten sollten. Und dass Schwierigkeiten auch oft Geschenke sind, die wir noch nicht ausgepackt haben. Wenn wir das auf dem Schirm haben, wird's auch leichter, uns für diejenigen reinzuknien, deren Leid unser Verstehen übersteigt.

Katharina hatte dieses klare Bewusstsein, dass das Leben gefeiert werden muss. Sie hat hart gearbeitet, viel gebetet, Schönes geliebt und war bereit, zu investieren in Kunst und Mode und große Feste. Sie hat immer mit Wunderbarem gerechnet. Und als das Leid kam, hat sie es genauso angenommen wie vorher die Schuhe von Prada.

Irgendwie wusste sie es: Dass die Fülle des Lebens nicht nur in den fetten Jahren erfahrbar ist. Es könnte damit zu tun haben, dass sie Gott immer was zugetraut hat. Sie hat ihn einkalkuliert und sein Eingreifen erwartet – gefordert, um genau zu sein. Ich glaube, die Zeiten, in denen es einfach so hingeplätschert ist, das Leben, kamen ihr viel verdächtiger vor als die Zeiten des Überflusses und der Not. Katharina fand das immer plausibel: dass Gott ihr was klarmachen würde, dass Geschenke kommen, sich Neues auftut und Abenteuer ergeben. Und sie war bereit, für diese Lebendigkeit auch einen Preis zu zahlen. Sie hat gelebt wie ein Lieblingskind – mit allen Höhen und Tiefen. Alles Flache, auch wenn es komfortabler anmutete, war ihr zutiefst suspekt.

Mitleid

Nietzsche fand das unerträglich an den Christen, ihr Mitleid. Ein bisschen merkt man daran, dass Nietzsche einen Schuss hatte. Aber ich verstehe ihn auch. Es ist schon was dran: Mitleid kann Ausdruck tiefer Nähe oder schneller Entwürdigung sein. Bei mir persönlich endet ehrlich gesagt schon die Komfortzone, wenn mich jemand zur Begrüßung mit schiefgelegtem Kopf lieb anschaut, um dann mitfühlend zu fragen, wie es mir geht. Ich denke dann immer: *Was wissen die Deprimierendes über mein Leben, was ich noch nicht weiß?!* Das Ganze kulminiert in dieser Opfer-Rhetorik, die aktuell en vogue ist, wo immer die gewinnen, die sich zu den Verlierern erklären. Das ist nicht nur für die Gesellschaft keine Hilfe, sondern besonders auch für die zu den Opfern Erklärten.

Ich finde, wir Menschen brauchen weniger #metoo und mehr Ehrfurcht. Jeder einzelne ist ein solches Wunder, dass sich davor hingekniet gehört. Wenn man die Menschen in Täter und Opfer aufteilt, verlieren alle.

Mir hat um die Zeit von Katharinas Tod ein Freund, ein nicht so wortreicher, latent aristokratischer österreichischer Landwirt geschrieben:

umarmt gehörst, lieb gehabt

Das hat mich berührt, und ich dachte damals, das wäre mal ein vernünftiger Hashtag: #umarmtgehörstliebgehabt

Wir brauchen alle Zärtlichkeit, nicht großzügiges Mitleid. Zumal wenig so zuverlässig zu krassen Auswüchsen an Rücksichtslosigkeit führen kann wie das Gefühl, «die Arme», «das Opfer», «der Zukurzgekommene» zu sein.

Wenn wir das ordentlich machen wollen – uns mit den Glücklichen freuen und mit den Trauernden zu weinen, ohne in diese Mitleid-Rhetorik zu verfallen –, brauchen wir eine gesunde Haltung zum Leiden. Ich kann es nicht so ganz genau erklären, aber Leid muss nicht vergeblich sein. Weil man es zu einem Gebet machen kann. Man kann etwas für die anderen aushalten. So wie man für jemanden beten kann, kann man auch für jemanden leiden. Und wenn meine Worte oder Gedanken schon eine Kraft haben, wie viel mehr dann mein Leiden, das so viel schwerer wiegt als ein zackig gesprochenes – oder auch länger formuliertes – Gebet.

Ich sage das über mein Leiden. Es wäre anmaßend, wenn ich über das Leiden der anderen so eben schnell dahinschreiben würde. Über das Leiden von Menschen, die so viel aushalten müssen, dass ich fassungslos bin. Es wäre zynisch, entspannt zu kommentieren oder – noch schlimmer – zu raten: «Was für eine gute Möglichkeit, menschlich zu wachsen!»

Ich habe mal einen amerikanischen Pastor gehört, der darüber gesprochen hat, wie sein Sohn sich das Leben genommen hat. Er hat gesagt (in meinen Worten): «Je schwerer das Leid, desto weniger die Worte. Man kann sich über einen schlimmen Haarschnitt eine Weile unterhalten. Man kann darüber philosophieren, wieso der Friseur hinten so viel weggeschnitten hat. Aber wenn dein Kind von seinen Depressionen in die Knie gezwungen wird, dann müssen die anderen einfach nur da sein. Da braucht es keinen wortgewandten Zuspruch, keine Erklärungen, keine großen Weisheiten.»

Dabei hilft es auch, in der Haltung zu den Leidenden auf dem Schirm zu behalten, dass Leid eine eigene Würde hat. Dass die Leidenden nicht diejenigen sind, die einfach nur noch nicht genug gebetet haben oder die sonst irgendwie durchgerutscht sind bei der göttlichen Fürsorge. Wir müssen sie nicht gönnerhaft bemitleiden; wir können davon ausgehen, dass sie vielleicht gerade die Dinge lernen, die uns noch verborgen sind.

Das glaube ich auch deshalb, weil viele der schönsten Menschen, denen ich begegnet bin, gelitten haben. Leiden hat das Potenzial, unsere Oberflächlichkeit abzuschmirgeln, uns aufs Echte auszurichten und eine größere Barmherzigkeit hervorzubringen. Und das macht schön.

Katharina hatte ein paar Wochen vor ihrem Tod unfassbare Schmerzen. Und irgendwie ist es dem Krankenhaus nicht gelungen, das schnell genug medikamentös zu regeln. Sie muss furchtbar gelitten haben. Später, als es besser war, kam eine Ärztin zu ihr und hat sich entschuldigt. Und Katharina hat geantwortet: «Schon vergessen.» Ihre Güte an dieser Stelle bewegt mich zutiefst. Ich selbst könnte schon ausrasten, wenn mir jemand aus Versehen die Tür gegen den Fuß haut. Und sie war so großmütig zu dieser anständigen Medizinerin.

Katharina hat ihrer Ärztin auf gewisse Weise Gottes Barmherzigkeit gezeigt. Sie hat nicht auf Mitleid gewartet, sondern das Mitleid geadelt, indem sie es der Ärztin erwiesen hat. Vielleicht hatte die ihr Bestes gegeben, vielleicht nicht. Das war nicht ausschlaggebend für Katharinas Freundlichkeit.

Wir denken, Gott ist barmherzig, wenn wir leiden, weil wir arm sind, wenn uns ein Schmerz zugefügt wurde. Aber oft ist das schlimmste Leid ja nicht frei von dem Aspekt, dass wir jemandem etwas angetan haben. Und uns selbst. In vielen Fällen ist unser Leid ja nicht Konsequenz einer Naturkatastrophe oder eines grausamen Systems, sondern unserer eigenen großen und kleinen Fehler.

Wir haben nicht zu urteilen über die Sünden der anderen. Wir haben die Menschen zu lieben. Wie Katharina die Freundin, die ihr Kind mit Down-Syndrom abgetrieben hatte. Eine warmherzige, fröhliche, großzügige Frau.

Als ich ihr das erste Mal begegnet bin und sie mir ganz überraschend von ihrer Abtreibung erzählte – es ging eigentlich um etwas ganz Anderes –, hat mir die Klarheit, dass ich da eine Frau vor mir hatte, die einfach nur ihr Kind vermisst, das Herz gebrochen. Die Tragik all der schönen Momente, die ihr entgangen sind, weil ihr im falschen Moment ein grauenvoller Rat gegeben wurde und der irgendwie leichter oder vernünftiger oder liebevoller geklungen haben muss als die Alternative eines behinderten Kindes. Dabei war das mit Sicherheit eines der wunderbarsten Geschenke, das der liebe Gott sich in seiner Zärtlichkeit für sie überlegt hatte.

Und doch endet da ihre Geschichte nicht. Mit diesem Verlust. Es gehört zu den wundervollsten Eigenschaften Gottes, dass wir jeden Tag neu anfangen können. Dass er uns immer die Hände entgegenstreckt, um uns zu verzeihen und uns zu trösten, wenn wir's ihm erlauben. Niemals entzieht er uns dieses Wohlwollen, nie begegnet er uns ohne Güte. Und sein «Ich-fühle-mit-Dir» kommt nur in der Form von oben, als es vom Kreuz ausgeht, an dem er erhöht wurde, und es zieht uns rauf zu ihm, es hält uns nicht unten. Und dahin geordnet gehört auch unser Mitleid, etwas, was aus Ehrfurcht vor dem anderen passiert, gerade vor dem Leidenden, und ihm so seine Würde vor Augen führt und seine eigene Größe offensichtlicher macht.

Mütter

Lange bevor Salome geboren wurde, war Katharina eine Mutter. Ich glaube, das war eines ihrer großen Talente als Chefin. Sie ist mit den Menschen umgegangen wie eine gute Mutter. Nämlich eine, die sich nicht in alles einmischt, sondern die ihre Kinder befähigt, das Ruder selbst in die Hand zu nehmen. Gleichzeitig hat sie sich nie über die Leute gestellt, auch wenn ihr jemand viel verdankt hat. Und sie war krass ehrlich mit ihren eigenen Baustellen. Ich habe selten jemanden getroffen, der so wenig Bedürfnis hatte, Kritik abzuwehren. Sie wollte sich alles anhören. Auch in Bereichen, in denen andere tot umfallen, wenn ihnen Feedback begegnet – eben bei Parenting-Fragen zum Beispiel.

Ich erinnere mich an ein Gespräch, vielleicht ein Jahr nach Salomes Geburt, in dem sie mir gesagt hat, dass sie dankbar für Tipps wäre, weil sie als Mutter ja noch Anfängerin sei. Wahrscheinlich ist sie genau deshalb immer cooler geworden. Ihr war klar, dass Entwicklung möglich ist, aber nur unter der Voraussetzung, dass man den eigenen Entwicklungsbedarf auf dem Schirm hat. Auch deshalb war sie eine wunderbare Mutter, vor allem natürlich ihrer Tochter, aber auch ihren Mitarbeiterinnen, Freunden, Brüdern, mir. Weil sie sich selbst eben nie für unanfechtbar gehalten hat und weil sie die anderen groß machen wollte, statt sie als potenzielle Konkurrenz zu sehen.

In Wahrheit war sie keine Anfängerin – sie hat einfach nur zum ersten Mal jemandem beigebracht zu essen oder einzuschlafen oder «Bitte» zu sagen. Sie wurde das erste Mal «Mama» genannt, und ihre Verantwortung für Salome ist größer als die für andere. (Ich bin mir sicher, dass sie die nach wie vor wahrnimmt – natürlich auf eine andere Art. Aber wenn man bei der Salome ist, merkt man, sie wird nicht nur von ihrem wunderbaren Vater, sondern auch vom Himmel erzogen. Da ist eine überirdische Leichtigkeit, wie Katharina sie oft schon hier auf der Erde hatte.)

Katharina war, seit ich sie kenne, Mutter. Wir haben einen reduzierten Blick aufs Mutter- und Vatersein, wenn wir denken, das seien nur Menschen, die eigene Kinder haben. Wir sind ja in echt alle berufen zum Elternsein.

Das ist auch eine gute Nachricht für die Leute, die sich nach Kindern sehnen. Du willst gern eine Mutter sein? Fang einfach mal an. Die Welt ist voller Menschen, die sich nach Mamas sehnen. Ran an den Speck! Dann erleben nicht nur mehr Menschen ein Zuhause, dann haben auch mehr von uns eine erfüllende Mission. Und im Gegensatz zu einer Mutter mit eigenen Kindern darf man nachts weiter durchschlafen, selbst wenn man sich mit einer gewissen Opferbereitschaft für andere einsetzt. Außerdem kann man üben, was alle Eltern lernen müssen, nämlich, dass die Kinder nicht für einen selbst da sind, sondern nur anvertraut, ausgeborgt quasi. Es ist nicht ihr Job, unsere Erwartungen zu erfüllen. (Falls man eher aus der Motivation Mutter oder Vater sein will, dass einen dann jemand mit Stolz erfüllt, weil er die eigenen großen Pläne umsetzt, ist es schlauer, sich einen Hund zu besorgen. Die hauen andere Kinder nicht mit der Schaufel, schleichen sich nicht nachts auf Partys und brechen nicht fünf Studien ab.)

Muttersein ist ja ein unfassbares Geschenk. Ihre Liebe bringt Mütter regelmäßig dazu, mutige Entscheidungen zu treffen, die den Menschen oder einem Anliegen wirklich dienen – auch wenn sie vielleicht nicht dem Geschmack der breiten Masse entsprechen. Die Welt braucht Mütter. Die Kirche braucht Mütter. Eine Kirche ohne Mamas wäre ein Desaster. Oder um genauer zu sein: Sie würde nicht existieren. Der liebe Gott hat immerhin entschieden, dass die Kirche durch eine Mutter in die Welt kommt. Und so, wie ich ihn kenne, war das Absicht. Wahrscheinlich wollte er sicherstellen, dass wir verstehen, dass sie unser Zuhause ist. Deshalb ist Jesus nicht auf einer Wolke auf die Erde gesegelt, sondern erst mal in einem Uterus gediehen.

Mich dünkt, es gibt viel Sehnsucht nach Zuhause auf der Welt. Nach Müttern und Vätern. Wenn ich mit Eltern zusammen bin, tut es mir regelmäßig total leid, wie sehr sie unter Druck stehen, alles richtig zu machen. Dabei haben sie eine Intuition für ihre Kinder, Zärtlichkeit und Originalität, die viel mehr kann, als ein optimalst geschultes Pädagogik-Genie in 100 Ratgebern zu Papier bringen kann. In jeder Frau und jedem Mann, die eine Portion Hoffnung, Demut und gesunden Menschenverstand in sich tragen und bereit sind, Verantwortung zu übernehmen und zu kommunizieren, ist alles da, was eine Mutter oder ein Vater brauchen. Eltern sein ist ja kein Job, den man perfekt machen muss, es ist vor allem ein Job, den man über eine lange Zeit hinweg jeden Tag und mit immer neuer Liebe machen muss.

Wir sollten unsere vielen schönen «Homebases» mehr genießen, selbstbewusster feiern und öffnen für diejenigen, die keins haben. Ich glaube, deshalb bin ich auch so ein Fan von Hausfrauen. Nicht nur, weil viele der klügsten, witzigsten und liebevollsten Menschen, die ich kenne, Hausfrauen sind, sondern weil es für einen «Rund-um-die-Uhr»-Nachschub von tausenderlei Zuhause-Formen ein paar Hausfrauen und -männer *braucht*. Eh klar, jede Familie muss das regeln, wie es für sie passt, und es passt für alle anders – aber von einer Vielzahl an Orten, wo sich Menschen zu jeder Zeit nach Hause begeben können, profitieren mit Sicherheit deutlich mehr als nur die Männer, Frauen und Kinder, die direkt an diesem Ort wohnen. Ich persönlich wäre ohne die grandiosen Hausfrauen in meinem Umfeld verloren. Dabei ist das schon ein sehr absurder Ausdruck: «Hausfrauen». Vielleicht lassen wir uns auch wegen des seltsamen Terminus an der Stelle zu bereitwillig in Klischees verheddern.

Katharina hat sehr gekämpft mit diesem Konzept der Hausfrau. Hausfrauen sind nicht Frauen, die im Haus bleiben, und gleichzeitig finden Jobs oft nicht mehr von 9–17 Uhr in einem Büro statt. Und obwohl ich viele Frauen kenne, die nirgends Geld verdienen, kenne ich keine einzige, die vom Herd nicht wegkommt, außer wenn sie gerade ihrem Mann devot die Knöpfe annäht.

Eher sind die Hausfrauen, die mir so einfallen, die kompetentesten der Manager in meinem Umfeld. Es gibt erfolgreiche Menschen, bei denen es einen fast erstaunt, dass sie sich allein anziehen können, während Hausfrauen fünf Leute parallel zu sich selbst anziehen und dabei ein Kindergartenfest und einen Besuch im Altenheim organisieren.

Sie haben halt das Geldverdienen delegiert.

Aber wenn wir danach urteilen, wie relevant das ist, was wir tun, dann geht's uns nicht um Emanzipation oder Ähnliches, sondern nur um die Kohle. Ich glaube, auch da tut uns die Haltung von Müttern, die Katharina so verinnerlicht hatte, gut: Menschen sind nicht die Kriterien, nach denen wir sie sortieren. Das rafft ein auf die Barmherzigkeit hin sortiertes Eltern-Herz leichter. Katharina hat ihren Job geliebt, Geldverdienen war ihr gleichgültig, Geld ausgeben hat sie genossen, ihre Familie war ihr heilig. Wenn wir Menschen auf Kategorien reduzieren wie «Hausfrau» oder «old white man» (mein absoluter Favorit unter den bescheuerten Kategorien), kann eigentlich nur etwas Flaches dabei rauskommen. Es ist doch einfach nicht schlau, einen guten Teil der Menschen entweder aufgrund von Umständen, für die sie nichts können, oder aufgrund der Tatsache, dass sie andere Prioritäten haben als wir selbst, gedankenlos vorzuverurteilen.

Selbstliebe

Was die Selbstliebe betrifft – so wird uns suggeriert –, gibt es vor allem zwei konträre Gruppen: die Armen mit den Minderwertigkeitskomplexen und die mittelsympathischen Stolzen. In echt sind die Baustellen aber gar nicht so unterschiedlich, denn ob ich mich für den geilsten Typ oder das größte Opfer der Welt halte: Die Wurzel ist in beiden Fällen ein Mangel an Selbstliebe. Wenn das richtig läuft mit der Selbstliebe, ist es eine sehr unaufgeregte Angelegenheit. Sie macht sich dann vor allem dadurch bemerkbar, dass man die anderen ordentlich lieben kann, barmherzig ist mit ihnen, ein gesundes Maß an Nähe und Distanz hat, sie bewundern kann und aushält, wenn sie einen bewundern.

Einfach ist das allerdings nicht mit der sortierten Haltung zu sich selbst. Ich bin mir sicher, eine der Baustellen, die alle lebenden Menschen verbindet, ist die der Selbstliebe. Die Freundschaft mit Jesus ist da eine Hilfe. Mir jedenfalls. Wenn ich Gefahr laufe, mich für unfehlbar oder das ärmste Schwein zu halten, hilft mir die Erfahrung, dass Gott mich liebt, ganz enorm. Mit all meinen Fehlern und all meinen Assets. Wahrscheinlich bin ich deshalb so ein Beicht-Enthusiast geworden. Nirgendwo kriegst du so zärtlich die Birne gewaschen. Danach kannst du dich nicht mehr für den perfekten Menschen oder das personifizierte Grauen halten. Und diese Erfahrung verbindet. Die anderen sind ja genau die gleichen vielgeliebten Volltrottel und High-Potentials wie man selbst.

Die Selbstliebe war auch eine der Stellen, an denen Katharina und ich gemeinsam gerungen haben. Es ist nämlich nicht so leicht, anzunehmen, dass du – genau so, wie du jetzt bist – geliebt wirst, dich trotzdem weiterentwickeln kannst, dies idealerweise auch tust, während du gleichzeitig nicht dauernd künstlich Hand an dich anlegst.

Diese ständige Selbstoptimiererei – die rührt nicht aus der Liebe. Ich finde, an manchen Stellen entsteht der Eindruck, wir hätten die Pflicht, unsere Hirne, Seelen oder Körper am laufenden Band mit einem Upgrade zu versehen. Ich propagiere nicht, dass wir alle überfettete Alkoholiker werden sollen, die den ganzen Tag Trash-TV schauen und die Werbepausen nutzen, um unsere Familienmitglieder zusammenzubrüllen. Aber wir schulden es auch niemandem, uns perfekt zu ernähren, das Optimum an Sport zu absolvieren, von Heilungsexerzitien zu Heilungsexerzitien zu rennen (lassen wir uns da wirklich helfen, wenn die Devise lautet: «Nach der Heilung ist vor der

Heilung»?) oder jeden Monat zwei Meisterwerke aus dem literarischen Kanon zu lesen.

Katharina hat das gut hingekriegt, finde ich. Sie hatte Bock auf literarische Meisterwerke, aber sie war nie verbissen dabei. Sie konnte sich auf einen philosophischen Text so gut einlassen wie auf kitschige Musik oder auf Aufziehtierchen aus Plastik für ihre Nichten und Neffen. Und sie hat viele fromme Bücher gelesen und sich aus ihnen angeeignet, was ihr sinnvoll erschien. Aber sie hat es mit der Gelassenheit getan, dadurch nicht dauernd die nächste krasse Erfahrung mit dem Herrgott zu suchen.

Gott, der uns liebt und auswendig kennt, versichert uns unserer eigenen Liebenswürdigkeit, und durch diese Versicherung wird es noch leichter, zu lieben und sich lieben zu lassen. Und um das zu üben, sind wir ja hier. Und da gibt es wenig, was dabei so hilfreich ist, wie radikal gelebte Freundschaften.

Sex

Katharina hat den Aspekt der christlichen Sex-Politik, der besagt, dass Geschlechtsverkehr ein saugutes – manche sagen: das beste – Geschenk von Gott für Ehepaare ist, geliebt. Und sie hat mit ihr gehadert. Aber sie hat sie deshalb nicht aufgegeben. Und sie hat auch sich selbst nicht aufgegeben oder ihr Hadern geleugnet. Sie war bereit, auszuhalten, dass es nicht so einfach ist.

Obwohl sie spät geheiratet hat, waren da vorher nicht Männer ohne Ende. Katharina war kein Player. Sie hatte keinen Bock auf Affären, sie wollte heiraten. Und auch wenn es natürlich verlockend ist, unverbindliche Liebschaften einzugehen, schon allein, weil einem dann jemand das Gefühl gibt, wahnsinnig hot zu sein, war das für Katharina nur sehr bedingt eine Versuchung, scheint mir. Und wenn sie fand, dass sie es an einer Stelle vermasselt hat, hat sie noch mal von vorne angefangen. Auch da hat sie immer mit ehrlichen Mitteln gekämpft. Und wahrscheinlich über die Jahre eine für sie gesunde Intuition entwickelt.

Sex ist eines der größten Geschenke. Und wie bei allem, was groß ist, kann man es grauenvoll missbrauchen.

Die häufigste Form des Missbrauchs ist sicher, dass man Sex und Intimität vertauscht. Wir brauchen alle dringend Intimität. Sex brauchen wir nicht unbedingt. Ein erfülltes Leben ohne Rummachen geht. Ein erfülltes Leben ohne echte Nähe gibt's nicht. Absurderweise ist es oft einfacher, an Sex zu kommen als an Intimität. In echt ist der Sex ohne Intimität aber eine Lüge, weil's nicht zusammenpasst. Man will den Körper des anderen, aber für den Rest interessiert man sich marginal. Das ist schon deshalb schwierig, weil unsere Körper und unsere Seelen ja nicht unabhängig voneinander ihre jeweils eigenen Projekte starten können. Man genießt vielleicht eine Runde die Schummel-Intimität, aber hinterher ist die Sehnsucht oft größer und unerfüllter. Es erfüllen mich ja auch keine Gespräche, in denen ich den anderen nur als Leinwand verwende, wo ich jemanden volllabere, ohne mich für dessen Reaktion zu interessieren.

Katharina hat sich immer für ihr Gegenüber interessiert. Sie kam eigentlich überall zu spät hin, weil sie immer der Person, die gerade vor ihr saß, ihre volle Aufmerksamkeit widmete.

Sex mit Halbfremden mache ich nur, weil ich was davon haben will. Da geht es nicht um den Anderen. Altruismus drückt sich nicht durch eher unverbindliches Vögeln aus.

Das Problem ist, dass uns Egoismus ja auch nicht weiterbringt. Nicht mal in der Selbstliebe. Egoismus gebiert keine glücklichen Menschen. Ich glaube, dass das klassische Christentum an der Stelle deshalb so selbstbewusst von Sünde redet. Weil Gelegenheits-Sex uns im Tiefsten nicht guttut. Und Sünde ist das, was uns schadet. Das definiert Sünde. Da geht es nicht um Regeln oder eine menschliche Ethik. Da hat der Erfinder des Menschen ihm gesagt: «Das kannst du schon machen, aber das ist nicht gut – nicht für dich und nicht für die anderen. Lass es, Kind, das wird dich nicht weiterbringen.»

Natürlich ist der Verzicht auf Sex herausfordernd, aber das ist der Verzicht auf ein Bier morgens um elf (für mich) auch oft. Katharina und ich haben beide auch mal Erfahrungen gemacht, von denen wir hinterher wussten, es wäre schlauer und weniger schmerzhaft gewesen, einfach zu verzichten. Wir haben die Einschätzung geteilt, dass es auch nicht klug ist, dass wir als Gesellschaft aufgehört haben, für Keuschheit (das heißt übrigens nicht, dass keiner bumsen darf, sondern dass das Sexleben zum restlichen Leben passen muss) zu werben, besonders – aber nicht nur – wenn's um Teenager geht. Wir könnten wieder mehr darüber sprechen, dass es gut ist, das Heilige zu hüten. Denn sie ist ja heilig, diese grenzenlose körperliche Intimität. Es ist gut, da eine Unschuld zu wahren, auch nach dem 18. Geburtstag.

Die Naturgewalt der Sexualität braucht ein Leben lang Ehrfurcht und Freude. Es ist keine Katastrophe, wenn es einem nicht gelingt, und man kann auch da immer wieder einen Neubeginn starten, aber Leute, die viel Sex hatten, sind nicht unbedingt begnadete Liebhaber, sondern oft zu erprobt und unbeeindruckt an Stellen, an denen Achtung und Entzücken angemessen wäre, nicht Routine. Sex ist eine Kommunikationsform der Liebe, und es hilft nicht, sich mit der halben Weltgeschichte zu unterhalten, wenn du die Person verstehen willst, die vor dir steht.

Wir haben mit dem Sex ein großes Geschenk bekommen, und irgendwie haben wir's oft nicht gründlich genug ausgepackt. Nur das Papier aufgerissen und dann angefangen, es zu verwenden, während noch Geschenkpapier und Tesafilm dranhingen. Deshalb ist Sex an so vielen Stellen nichts Schönes, sondern was Kaputtes oder, wenn überhaupt, Semifunktionsfähiges.

Für Katharina und mich war Sex kein Thema, über das wir dauernd gesprochen hätten, aber es war auch kein Tabu. Vielleicht lag das daran, dass wir aus Großfamilien kamen, in denen das Vorhandensein von Körpern kein besonderer Schocker war. Wir sind zum Beispiel beide aufgewachsen mit einer Kombination aus sehr offen diskutierter (christlicher) Sex-Politik und deren Umsetzung einerseits und großer Nonchalance gegenüber allgemeiner Nacktheit andererseits. Es war klar, was heilig ist, es gab keine Tabus im Gespräch, und der eigene Körper war ein Geschenk. Ich habe das immer als eine sehr angenehme und menschenfreundliche Kombination empfunden.

Katharina und David haben spät geheiratet, und trotzdem war da eine Unschuld, eine Aufgeregtheit. Sie haben das ins Erwachsensein reingerettet. Das hat mich berührt. Dass Katharina angespannt war, bevor sie das erste Mal Händchen gehalten haben, weil sie sich für ihre vor Aufregung schweißigen Hände geniert hat. Und es hat sie bewegt, dass die klammen Finger David gleichgültig waren. Ich glaube, ein bisschen mehr Sorge um Schwitzehände und etwas weniger Rumgebumse würden uns guttun bei unserem Job hier auf der Welt, bei dem es darum geht, das Lieben und Sich-lieben-Lassen zu lernen.

Sparringpartner

Katharina und ich haben zusammen gebetet. Eine Weile fast wöchentlich. Zuerst gefrühstückt, dann gebetet. Katharina hat versucht, mir das Teetrinken beizubringen. (Ich übe immer noch. Aber es wird schon besser. Man kann sich auch als Erwachsener noch weiterentwickeln.) Ich habe für sie Milchschaum gemacht, damit sie den Kaffee mehr genießt. Und ich habe versucht, sie zum Sekt-Frühstück zu überreden. Ich war immer ein Fan von Daydrinking, konnte sie aber nie wirklich dafür gewinnen.

Wir haben für Männer, eine Vision für unsere Leben, für ihre Projekte und meine Magisterarbeit gebetet. Sie wollte, dass wir aufschreiben, wofür wir beten, damit wir später sehen konnten, was wir alles schon gemanagt hatten. (Ich habe leider das Heftchen aussortiert, weil ich mich dafür geniert habe, in wen ich damals verknallt war.) Sie hat uns, wie schon erwähnt, «Sparringpartner» genannt und war überzeugt, dass jeder einen Sparringpartner braucht. Sie war ein sauguter. Irgendwie ist sie es noch immer. Und sie hatte total recht: Wir brauchen dringend Sparringpartner. Die wir mit Hingabe lieben und denen wir erlauben, uns zu lieben. Und uns in den Arsch zu treten. Innige Freundschaften sind Lebensretter.

Mir ist das erst jetzt wieder eingefallen, weil ich leider dazu tendiere, meine großen Wünsche zu vergessen, sobald sie erfüllt werden: Aber ich habe Gott um Katharina gebeten. Ich war während meines ersten Jahres in Berlin echt einsam. Irgendwann habe ich gesagt: «Bitte, bitte, lieber Jesus, ich brauche hier noch eine oder zwei gute Freundinnen, sonst komme ich nicht über die Runden in dieser Stadt.»

Ich glaube, dass Gott sich freut, wenn wir ihn bitten. Und er hat diese Bitte dann auch überreich erfüllt. Es hat gar nicht so lang gedauert, und umwerfende Personen wie eben Katharina tauchten auf.

Wenn ich an meine Freundinnen (und an meine Familie) denke, bin ich krass geflasht davon, wie großzügig Gott ist. Ich bin oft von Menschen umgeben, die ich aus tiefstem Herzen bewundern kann. Wahrscheinlich hat das Gebet um innige Vertraute auch deshalb so gut funktioniert, weil das eine Bitte war, auf die Gott voll Bock hatte. Er will für seine Kinder (also: jeden Menschen) erfüllte Beziehungen. Weil wir da so gut üben können, zu lieben und uns lieben zu lassen. Solche Beziehungen helfen uns zu erkennen, mit welchen Hintergedanken Gott uns geschaffen hat.

Wenn wir wissen, dass es jemanden gibt, den wir anrufen können, wenn wir uns verloren fühlen. Wenn wir unserer Familie und unseren Freunden erlauben, uns zurückzupfeifen, wo wir uns verrannt haben. Wenn mit der zunehmenden Nähe auch die Zuneigung wächst und man erlebt: Jemand liebt mich mehr, weil er mich besser kennt, obwohl meine Baustellen offenbarer werden. Wenn einer sein Gästebett für dich richtet, weil er weiß, du bist traurig und fühlst dich allein, dann schnallst du leichter, wie Gott ist – nämlich der Gästebettrichter schlechthin. Und wir dürfen ihm sogar manchmal dabei helfen und die Kissen beziehen. Besonders für unsere Sparringpartner, aber auch für die anderen.

Das Leben ist manchmal hart und gelegentlich kaum zu ertragen. Mit Sparringpartnern geht's. Und sogar Leiden kann da ein Schatz werden, wo man merkt, dass es Menschen gibt, die bereit sind, es mit einem gemeinsam auszuhalten. Im Elend kriegt man erst richtig mit, was Liebe alles kann. Katharinas Mann David zum Beispiel habe ich erst in seinem Leid richtig kennengelernt. Und in gewisser Form hat seine liebste Frau und meine liebste Freundin uns das Sparringpartner-Sein im gemeinsamen Aushalten ihrer Abwesenheit delegiert.

Toleranz & Diversity

Toleranz ist ein faszinierendes Thema. Der Begriff ist arg überstrapaziert worden in den letzten Dekaden, kommt mir vor. So langsam ist er totgeritten. Jetzt wollen wir Diversity. Ich find das gut, denn der Diversity-mäßig am besten aufgestellte Klub ist mit Sicherheit die Kirche. Allein in den Gottesdiensten, die ich besuche, sitzen Reiche neben Armen, Afrikaner, Asiaten und aristokratische Ur-Wiener neben Transsexuellen und Hochbegabten und Geistigbehinderten und Putzfrauen und Politikern. Ich kenne das nur aus der Kirche.

Dieser Mangel an Homogenität ist eine meiner Lieblingsseiten der Kirche. Diversity ist nämlich tatsächlich so geil, wie alle sagen. Und es ist kein Zufall, dass man sie im konsequent gelebten Christentum am häufigsten erfährt, dessen DNA sie mitprägt. Der Gott der Christen ist ein Jude. Die ersten Besucher des Christkindes waren exotische Eliten und das Gesocks vom Feld nebenan. Seine Mutter ein Teenager aus Nazareth. Vielfalt ist ein

Kernelement der christlichen Natur – wo sie gesund ist. Und ich glaube, für Katharina war das tatsächlich auch ein besonderer Reiz am In-die-Kirche-Gehen, diese Liebe zur Verschiedenheit der Menschen dort.

Da kann man dann auch echte Toleranz üben. Die ist ein rares und großes Gut. Man findet sie interessanterweise eher selten bei den Leuten, die viel über Toleranz reden. Das sind schon gern mal so Kryptofaschisten, die mit «Toleranz» meinen, dass alle anderen die gleichen Dinge wichtig, wunderbar und widerwärtig finden müssen wie sie. Die Leute, die sich selbst als intolerant bezeichnen, haben da teilweise größeres Potenzial, weil es da welche gibt, die in der Sache immer nur sehr wenig Spielraum sehen, aber den konkreten Menschen dann mit offenen Armen begegnen. Finde ich persönlich keine so unsympathische Haltung. Die Besten in Toleranz sind allerdings die, die nie drüber reden. Die ganz natürlich aus sich heraus auch andere Einstellungen als die ihre akzeptieren und niemanden danach beurteilen, wie er zu irgendeinem Thema steht. Ich glaube, die echt Toleranten wissen nicht um ihre besondere Gabe, so wie sich fundamental schöne Leute wenig mit ihrem eigenen Aussehen beschäftigen und die wirklich Klugen sich nicht den Kopf darüber zerbrechen, wie krass schlau sie sind.

Katharina und ich gehören zu den Intoleranten. Ich allerdings leider zu den eher nur mittelsympathisch komplett Intoleranten, die schon hadern, wenn die anderen Trekkinghosen anhaben, während Katharina Teil dieser schönen Community war, die in der Sache hart und zum Menschen immer zärtlich ist. Obwohl wir uns schon einig waren in den beiden Punkten, dass wir a) nicht endlos Verständnis hatten für den problematischen Akt des «hässliche, aber bequeme Schuhe-Tragens», und b) Abtreibung zwar für eine Geißel der Menschheit hielten, aber dennoch jene Menschen nicht nur verstehen, sondern vor allem lieben konnten und wollten, die das anders sahen.

Das Anstrengende beim Thema Toleranz ist die Tatsache, dass da so viel Gesinnungskontrolle passiert. Es nervt mich kolossal, dass es sich Leute zur Mission machen, abzuchecken, ob ich möglicherweise ein Menschenhasser bin – und Frauen, Schwarze oder Transsexuelle ablehne. Ich finde es gefährlich, dass wir uns gegenseitig ständig beweisen sollen, dass wir keine Nazis oder sonst irgendwelche Perversen sind. Wir befinden uns da nicht in der Bringschuld. Es zeugt von einem furchtbaren Menschenbild, ständig den klammheimlichen Nationalsozialismus aller in meinem Umfeld aufdecken zu wollen. Katharina war da nicht nur mutig, sondern auch klar im Kopf. Und bereit für echte Toleranz, Gerechtigkeit und Großzügigkeit gegenüber den Limitationen der anderen.

Übrigens ist das ja nicht nur eine Baustelle der Correctness-Enthusiasten. Ich habe auch schon von treuen Christen Testfragen bekommen, um abzuchecken, ob ich tatsächlich eine anständige Gläubige bin – konservativ oder liberal genug. Auch bei diesen Kontroll- und Erziehungsmaßnahmen war Katharina toleranter als ich. Bei mir lösen sie leider vor allem Aggressionen aus.

Wir müssen in unseren Default-Modus den Mitmenschen gegenüber ein bisschen mehr Vertrauen einbauen, sonst machen wir uns gegenseitig sehr unglücklich. Wir können doch anhand formaler Kriterien nicht beurteilen, wie jemand wirklich zu den Menschen steht. Ich habe einen Freund, der nach Correctness-Maßstäben ein kommunikativer Albtraum ist, und gleichzeitig ist es genau dieser Typ, der mit den meisten Flüchtlingen abhängt und ihnen auf Augenhöhe begegnet – zwar nicht mit ordentlichen Formulierungen, aber mit ehrlichem Respekt und tiefer Wertschätzung.

Correctness ist mir kein besonderes Anliegen, aber die Menschen anzunehmen, sogar die Nervensägen, ist es schon. Ich habe da noch viel zu lernen. Es ist eben so verlockend bequem, wenn man sich Toleranz-mäßig nicht zu viel abverlangt. Aber es ist einer der Punkte, an denen ich Katharinas Erbe pflegen will, weil ich spüre, dass sie uns etwas hinterlassen hat: ein nachahmungswürdiges Vorbild der Nächstenliebe.

Wenn's wehtut

Wenn ich jetzt über Katharina nachdenke, bin ich sicher, dass sie mehr gelitten hat als ich – und zwar ganz unabhängig von ihrer Krankheit. Sie hat sich mit dem regulären Leben mehr rumgequält. Sie wollte regelmäßig aus ganzem Herzen entgegengesetzte Dinge und musste daran viel herumlaborieren: Sie hat sich zum Beispiel gleichzeitig nach vollkommener Geborgenheit und absoluter Unabhängigkeit gesehnt.

Wie gesagt, war Heiraten eben immer eines ihrer großen Anliegen. Sie war in der Zeit unseres gemeinsamen Betens gelegentlich richtig verzweifelt über diesen Punkt. Sie wollte eine Ehefrau und Mutter sein. Und war sicher, dafür wäre ihr jede Karriere gleichgültig. Als sie dann verheiratet war, hat sie gemerkt, dass sie mit ihrer eigenen Familie weniger Zeit zur freien Verfügung hatte. Und auch weniger Zeit für ihren geliebten Job. Das war eine große Herausforderung für sie.

Und sie hat sich zwischen heroischer Tapferkeit und

Selbstmitleid bewegt wie kaum sonst jemand, den ich kenne. Katharina war so saumutig, so bereit, etwas auszuhalten, so unerschrocken, so furcht- und klaglos, hat so tapfer und wild geliebt, und dann hat sie plötzlich aufgegeben, weil ihr eingefallen ist, dass jemand sie gekränkt hatte. Dann hat sich eine Rhetorik eingeschlichen wie von Leuten, die in den falschen Therapien, Selbsthilfegruppen oder Kirchen gelernt haben, sich ständig um sich selbst und die eigenen Verletzungen zu drehen. Ich habe nie jemanden gekannt, der so schön, stark, demütig, klug und witzig war und trotzdem gelegentlich der Versuchung des Verzweifelns dermaßen resigniert nachgegeben hat.

Ein paar Monate vor ihrem Tod hat sie mir gesagt, dass sie all ihre alten Tagebücher weggeworfen habe, weil sie ihr zu deprimierend vorkamen. Wenn sie etwas als wahr erkannt hatte, war sie radikal und hat drastische Schritte nicht gescheut. Bei mir ist es eher so, dass ich manchmal feststelle, wie sich heimlich eine bleibende Besorgtheit in mein Denken und Fühlen eingeschlichen hat. Nichts Akutes, sondern ein unaufgeregtes, aber präsentes negatives Element in der Grundeinstellung, das ich dann wieder loswerden muss, weil es nicht fruchtbar ist und auch dem Schwere verleiht, dem Leichtigkeit gebührt.

Katharina hat sich viel rumgequält, aber als das Leben wirklich bitter geworden ist, wurde es ihr oft ganz leicht ums Herz. Das war paradox, und das ist für mich ein krasses Learning. Ich mache mich zu abhängig von den äußeren Umständen. Die entscheiden nicht über mein Glück.

Das gilt sogar für die Lebensform. Ehe ist schön – als Team zu leben, weniger allein zu sein. Singlesein ist schön – mehr Zeit zu haben, um eine große Intimität mit Gott zu pflegen, über mehr Gelegenheit zu verfügen, für Menschen da zu sein, und so wilde Freude und große Fülle zu erleben. (Außerdem wird man als Single viel mehr eingeladen. Ständig sind Leute großzügig zu einem. Bei einer ganzen Familie kann sich das keine Sau leisten.)

In den schwersten Stunden kann die größte innere Freiheit entstehen. Wir können uns also ruhig da freuen, wo wir jetzt sind, statt uns zu sorgen, was noch kommt. Es ist sogar vernünftig, jetzt gleich mit dem Freuen anzufangen, egal, wo man sich befindet, weil man Freude *üben* kann und muss. Wenn wir das jetzt nicht angehen, werden wir uns wahrscheinlich auch nicht plötzlich das Glücklichsein angewöhnen, wenn wir woanders sind – selbst dann nicht, wenn es der Ort ist, der immer als vermeintliche Erfüllung all unserer Sehnsüchte gegolten hat.

Das merkt man auch an Katharinas Familie, jetzt gerade, wo sie den schlimmsten Verlust aushalten müssen. David und Salome leben seit vier Monaten ohne Katharina. Wenn man sich das aus der Ferne überlegt, hält man es nicht aus. Wenn man aber mit ihnen zusammen ist, spürt man Dankbarkeit. Die eigene und die ihre. Und zwar gerade nicht, weil sie ihren Schmerz ignorieren würden oder eine heile Welt vorheucheln. Sie leiden am Elend, und sie freuen sich an den Freuden. Sie drehen sich nicht um sich selbst; sie weinen, wenn es dran ist, und sie sind glücklich über den Frühling, als hätten sie noch nie vorher einen gesehen.

Ich weiß nicht genau, wie sie das machen. Ich vermute, Teil ihres Geheimnisses ist, dass sie wissen, dass sie es nicht alleine können. Sie lassen sich lieben und lieben zurück. Und sie verklären und vergeistlichen nichts. Sie leben, was ansteht. Ich empfinde es als eine Ehre, dass ich das miterleben darf – auch wenn wir alle jederzeit lieber mit Katharina unbeschwert als ohne sie gereifter und tapfer wären.

Würde

Das letzte Jahr bin ich zum ersten Mal sterbenden geliebten Menschen begegnet (Katharina und meinem grandiosen Großvater). Ich würde es ohne zu zögern zu den fünf wichtigsten, schönsten und schwersten Dingen rechnen, die ich je erlebt habe. Auf einmal ist die Würde des Menschen kein theoretischer Begriff mehr, sondern eine Erfahrung: Wenn jemand plötzlich nicht mehr eloquent reden kann, nicht mehr wie das blühende Leben aussieht, nichts mehr leisten kann, vielmehr sogar für die alltäglichsten Handgriffe Hilfe braucht und dabei noch krasse körperliche Schmerzen aushält, dann fallen die ganzen Dinge, die uns einerseits ablenken vom Kern unseres Lebens und gleichzeitig auch viel unbeschwertes Glück bedeuten können, einfach weg.

Das ist für alle Beteiligten brutal.

Aber es hat das Potenzial, einem zu verdeutlichen, dass das Leben viel größer ist, als wir vermutet hatten. Wenn im Leiden jede Oberflächlichkeit die Chance hat, sich zurückzuziehen, ist der Weg zu einer reineren Liebe geöffnet. Weil da der Mensch nicht mehr verhüllt ist. Man sieht ihn ganz. Viel mehr, als man gewöhnt ist. Manchmal erschreckend viel mehr.

Wenn deine Freundin mit der schnellsten Zunge und den zackigsten Hirnwindungen plötzlich Zeit braucht für einen Satz mit nicht so vielen Wörtern, dann hörst du ihr nicht mehr zu, weil sie sich raffiniert artikuliert und dir ihre originellen Argumente gefallen, sondern weil du sie wirklich hören willst. Dafür braucht es eine Offenheit, die man wahrscheinlich üben sollte, bevor man sie dringend benötigt. Eine Offenheit für die großen Dinge, die immer von kleinen Menschen kommen. Bei den Kleinen sieht man die Würde leichter. Weil man nicht so schnell abgelenkt wird. Wahrscheinlich ist das hehrste Ziel von allen, selbst klein zu werden.

Katharina hatte am Ende keine Wahl, aber sie war der Aufgabe gewachsen. Sie hatte ihre Offenheit für Kleines und Großes geübt und ihre Liebe zu allen Menschen kultiviert. (Wahrscheinlich hätte sie die Gesellschaft eines Kindes mit Down-Syndrom trotzdem jederzeit der eines Top-Managers vorgezogen.)

Am Ende war sie ganz klein, nur noch Gottes Kind, und wunderschön.

DANKE

Danke, Katharina, liebste. Die Freundschaft mit dir ist einer der Gründe, warum ich mich fühle wie das Lieblingskind von Gott.

Danke, Mama und Papa. Ihr habt mir beigebracht, dass man sich an den Allmächtigen wenden kann, dass diese Ungeheuerlichkeit zur Selbstverständlichkeit werden darf. Ihr habt nicht einkalkuliert, dass ich die größte Intimität mit dem Höchsten ausgerechnet in der katholischen Kirche finden würde (sorry), aber ihr habt mir beigebracht, nach Gott zu suchen und dabei alles zu erwarten. Das ist mit Sicherheit das Wichtigste, was mir je beigebracht wurde. Ah, und Sprechen habt ihr mir auch beigebracht. (Für Beschwerden über meine ungehobelte Ausdrucksweise bitte ich, sich vertrauensvoll an meine Mutter zu wenden.)

Danke allen Mamas und Papas. Besonders Dietlind und Konrad, die lauter umwerfende Persönlichkeiten hervorgebracht haben.

Danke, Lena, Ise und Lotte, Julian, Tobi und Manu, Leni, Luki, Oki, Mausi, Frida, Wilhelm, Paula und Henri. Ohne euch hätte ich nie genug Freude, um irgendwas aufzuschreiben. Ihr seid das Schönste, was ich kenne.

Danke, Padre und Paula, ohne eure Ermutigung ganz zu Beginn wäre das hier nie so weit gediehen. Danke, Pauli, dass du mich zu Katharinas Begräbnis geschickt hast. Danke, Padre, du bist mein Lieblingslehrer und Busenfreund. Danke, Paula und Tobi, fürs Gästebettrichten.

Danke, Fatima, dass du die Schwester bist, die mir in Wien fehlt. Danke, Johannes, dass ihr eure Familie mit mir teilt.

Danke, Sophia, für deine entspannte, liebevolle und inspirierende Großzügigkeit – von Kalifornien bis Klenk und Adoratio bis Wagner.

Danke, P. Felix, für deine väterliche Weisheit und Führung und dein Gebet.

Danke, Carina, für den Wegweiser nach St. Rochus.

Danke, Barbara, Marie-Therese und Nono, für regelmäßige mütterlich-nachbarschaftliche Streicheleinheiten.

Danke, lieber Herr Rendel, für die 5 in Deutsch wegen affektierter Formulierungen. Kritisches Feedback ist ein unterschätzter Liebesdienst. Bitte seien Sie bei diesem Buch dennoch gnädiger. Ich habe mir echt Mühe gegeben.

Danke, Harald Martenstein, für die Idee, dass man Überlegungen auch aufschreiben kann.

Danke, Marlies und Louisa, für alles Beten, Leiden, Lieben – ihr habt mir den Arsch gerettet.

Danke, liebe Madeleine, für die Einladung ins Berlinprojekt, du warst damals so in der Welt und nicht von der Welt, das hat mich tief beeindruckt. Und danke, Christian und Kosta, ihr Guten, ihr habt mir dort sauviel beigebracht.

Danke, liebe Esther, für Lessons in Katholizismus, Kochen und Kunst.

Danke für Hiob, lieber Prof. Schwienhorst-Schönberger.

Danke für Spe Salvi und überhaupt Papst Benedikt, liebe Frau Prof. Schlosser.

Danke, Pater Karl, Kathi und Markus, für eine Arbeitsatmosphäre mit täglichen Dosen Freude – das war eine große Hilfe beim Fertigstellen dieses Textes.

Danke, David, fürs gemeinsame Leiden und die überwältigende Hoffnung im letzten Jahr, für deine Tapferkeit und Ehrlichkeit, die mich so beeindrucken, für deinen Killer-Support für dieses Projekt.

Danke, Lenchen, Kasu und Elisabeth, fürs strenge Lesen und eure konstruktiven und schlauen Inputs.

Danke, liebe Maria, danke, lieber Josef, danke, lieber Johannes Paul, danke, lieber John Henry. Danke, liebe Clare! Danke, guter Philipp. Besonders für deine Wiener Jungs.

Danke, lieber Gott. Unruhig ist unser Herz, bis es Ruhe findet in dir.

Über die Autorin

Anne Fleck (1983) ist in Heidelberg geboren. Nach einem Studium der Englischen Philologie, Politikwissenschaft und Neuen Geschichte in Heidelberg, Paris und Berlin lebt sie jetzt in Wien. Sie liebt es, über Gott nachzudenken, ihre Gedanken aufzuschreiben und herauszufinden, wie Mission im 21. Jahrhundert aussehen kann.